妈妈应该为小学一年级孩子做的57件事

幸福妈妈经

（韩）《柠檬树》编辑部

中国青年出版社
CHINA YOUTH PRESS　中南文博

图书在版编目(CIP)数据

妈妈应该为小学一年级孩子做的57件事 /《柠檬树》编辑部著;李龙译.
—北京:中国青年出版社,2010.11 (幸福妈妈经)

ISBN 978-7-5006-9653-7

Ⅰ.妈… Ⅱ.①柠…②李… Ⅲ.小学生—家庭教育

Ⅳ.G78

中国版本图书馆CIP数据核字(2010)第222132号

61 things to do for my first grade By LemonTree Editor Department
Copyright © 2005 by *LemonTree* Editor Department
All rights reserved
Simple Chinese copyright © 2011 by China Youth Press
Original Korean edition published by JOONGANG m&b
Simple Chinese language edition arranged with JOONGANG m&b through Eric Yang Agency Inc.

妈妈应该为小学一年级孩子做的57件事

作　　者：〔韩〕《柠檬树》编辑部

译　　者：李　龙

责任编辑：肖妩嫔

美术编辑：张　建

插　　画：陈妮妮

出　　版：中国青年出版社

发　　行：北京中青文文化传媒有限公司

电　　话：010-65516873/65518035

公司网址：www.cyb.com.cn

购书网址：zqwts.tmall.com　www.diyijie.com

制　　作：中青文制作中心

印　　刷：三河市文通印刷包装有限公司

版　　次：2011年1月第1版

印　　次：2016年1月第6次印刷

开　　本：787×1092　1/16

字　　数：70千字

印　　张：12

京权图字：01-2010-4191

书　　号：ISBN 978-7-5006-9653-7

定　　价：25.00元

版权声明

目 录

Part 6　实践篇···175

前 言

策划意图

我们一直在思考：妈妈们最需要的到底是什么样的书？

想为孩子准备一切，怕能力不足；什么都不做，又怕孩子输在起跑线上；一旦孩子跟上步伐，还会希望孩子跑得更快更好。这是很多妈妈的普遍心理。有些妈妈虽然很努力地对孩子进行了早期教育，可事后才发现遗漏了那个时期某个最需要的部分，等孩子长大后追悔莫及。做好不早不晚的适期教育，怎么找那个基准呢？

"为什么家庭教育指导书总是重复同一句话呢？"在培养孩子的问题上，妈妈们要做很多独立决策，却又时常拿不准，于是只好求助于书本，但很多书只是忠实于理论。理论看起来很正确，却往往并不适用于目前孩子的情况。妈妈不是教育理论家或专业从事者，需要的并不是过于有深度的理论。虽然我们也会向互联网寻求帮助，但网上的典型大多是"很极端的例子"。那么，有没有一本理论和实践相结合，可以真正打消妈妈们的不安和焦虑，有针对性地指导妈妈们现在应该为孩子做什么的书呢？

我们这套系列书就是听到这种呼声而为妈妈们精心策划的。

开发过程

从 6983 位妈妈和 403 位专家的 "实际的苦恼" 中寻找答案

为了得出"妈妈们到底需要什么样的家教书"这个问题的答案，我们进行了总计 10 次的视频会议和路边调查问卷，获得了很多反馈，而多数意见集中于需要一本"解决妈妈们苦恼的解答书"。为了整理出一个让妈妈们颔首认同的"苦恼清单"，我们的编辑团队集中采访了以韩国儿童咨询委员为中心的 403 位教育专家，并广泛征集了 6476 位妈妈提出的常见苦恼，倾听 507 位经验丰富的高手妈妈的至理箴言，最终筛选归纳出小学一至四年级各年龄段妈妈的核心苦恼，并对其做出了最科学、最简单、最实用的建议和解决方案，旨在做一套优秀的育儿指导书，帮助各位妈妈走出迷茫和困惑，更好地感受身为人母的幸福、快乐和成就。

使用方法

本系列书是以了解教育各年龄段孩子所需注意的事项为目的的育儿书籍。挤除厚度和价格的泡沫，为从实际生活中寻求有效解答投入了很多时间。

小学一至四年级阶段的焦点

小学一年级　培养探索精神，适应校园生活。

小学二年级　探索可能性，挖掘艺体潜能。

小学三年级　聚焦学业，学校功课会变得困难，要确认各个学科的成绩。

小学四年级　减少可能性，制造孩子人生的转折点。

作为参考书使用

本系列书不同于著名学者的论文或教育家的著作。虽接受了权威专家的协助，但力图避免学术著作的深奥晦涩，保留了应有的科学性和实用性。我们在书中提及的基准并不一定就是唯一的答案，真正的答案还是应该在妈妈自己心中。

需要专家协助的情况

孩子们在哪个时期、哪个年龄段应该达到什么样的身心发育水平，本系列书提供了很多确认标准，有异常时要尽快寻求专家的帮助，越早发现越早治疗越好。

对咨询委员的感谢

本系列书咨询了韩国最好的育儿专家。他们为这套书投入了大量的时间和精力，将他们列为共同作者也毫不夸张。

高诗焕　曾任韩国顺天香大学和成均馆大学特聘教师，目前在韩国盆唐区经营高诗焕诊疗所并任儿科专家，是小儿肢体短小症和肥胖症领域的权威人士，以家庭幼儿食品"高医生幼儿食品"闻名。

金永勋　毕业于韩国天主教大学医学院，后又获得博士学位。在美国贝勒医科大学进修小儿科和小儿神经学的小儿科专家，是韩国小儿癫痫、语言障碍、头痛、大脑性麻痹、精神疾病领域的权威人士，现任韩

国诚茂医院副院长。

金仁静　毕业于韩国梨花女子大学政治外交系，在美国特洛伊州立大学获得硕士学位后成为幼儿英语教育专家，现任首尔小学英语研修会小学教师研修讲师和蔚山大学小学教师研修讲师。

文美姬　专攻咨询心理学，是韩国首尔大学小儿神经科临床心理专家，人类发育研究所所长。目前，她已是3个孩子的妈妈，也是儿童心理学和父母角色定位方面的权威。

徐玄珠　被称为"希普乐·徐玄珠"的她，是韩国SUKSUK网站（韩国最著名的三大育儿网站之一）的负责人。在韩国，因孩子的英语教育而苦恼的父母们都会在SUKSUK网站互相交流和沟通，该网站现已拥有30万会员。她的著作《Hello宝贝Hi妈咪》《Let`s宝贝OK妈咪》均为韩国家庭教育方面的畅销书。

孙世韩　毕业于韩国延世大学医学部，后又获得博士学位。曾任江北三星医院小儿神经科专家、翰林大学诚心医院小儿神经科专家。目前在延世神经精神医院任职，为儿童青少年的神经健康而努力。

孙宏民　在韩国幼儿园小学美术研修会、淑明女子大学、首尔女子大学、广播通讯大学等处讲授幼儿美术课程。成立了韩国元儿童美术教育研究所，边进行美术指导边负责教育广播（EBS）儿童美术节目。

申东吉　韩国最早的儿科中医院西楚韩医院院长，毕业于韩国庆熙大学韩医部，后又获得博士学位，是中医科小儿专家，目前主要的研究对象是消化系统较弱的儿童。

李仁实　兼任韩国女性部在职托儿所和三星托儿所院长的资深育儿

专家，韩国网络大学、三育大学的育儿教育教授，开创了以实践经验为背景的婴幼儿教育机关 Creabimbo。

玄纯英 毕业于韩国梨花女子大学特殊教育学和特殊教育系。在天主教医大附属医院诚茂医院语言治疗室、红十字会语言治疗室担任语言治疗师讲师。任 EBS、MBC 育儿节目咨询师，同时担任儿童发育研究所所长。

黄静淑 韩国知名图书研究者，自由撰稿人，专栏作家。曾执笔《大不列颠百科全书》韩国区和《大不列颠儿童图书馆》。在《柠檬树》杂志和《东亚日报》连载相关图书。在韩国育儿专门网《好书房》栏目中担任图书推荐专家。

妈妈一定要知道的

对于刚上小学一年级的孩子来说，最重要的是"适应学校"。在陌生的环境中，小孩比较容易恐惧。如何面对突然多起来的朋友？为什么要严格区分学习时间和休息时间？为什么只能在休息时间去卫生间？为什么班主任不像幼儿园老师那样陪自己玩？这些都需要时间去了解和适应。妈妈要告诉孩子学校是"快乐的地方"，让孩子与同学、老师还有学校逐步熟悉起来。妈妈可以通过指导孩子遵守校规、讲礼节、交朋友等让孩子很好地适应学校生活。

适应学校

◇ 为新学期做准备

◇ 上课时认真听讲

◇ 能自行解决大小便

◇ 养成良好的生活习惯

◇ 在学校与同学和睦相处

◇ 不缺席不迟到好好上学

◇ 区分休息时间和学习时间

◇ 睡前整理好作业和准备物品

◇ 对课程和学校生活适应良好

◇ 知道如何寻求帮助或拒绝他人

◇ 认真听好老师布置的事项，回家后准确传达

◇ 积极参加学校举办的活动

家长的角色

◇ 教孩子珍惜自己的东西

◇ 要礼貌对待长辈和朋友

◇ 有正确的坐立行姿态

◇ 了解孩子不愿上学的原因

◇ 鼓励孩子邀请朋友们参加生日派对

◇ 周末尽量带孩子一同出游

◇ 倾听孩子的问题并及时做出反应

◇ 深入观察孩子并了解其性情

◇ 让孩子养成爱惜自己身体的习惯

◇ 指导孩子认真准备听写、单元测试等考试

◇ 让孩子拥有"努力做好"的上进心

◇ 妈妈要了解孩子的优缺点和强弱项

◇ 与同班其他家长保持友好关系并经常交流

◇ 制订长期、中期、短期的学习和才能发展计划

◇ 关注学校举办的活动和需家长参与的活动并积极参加

同学关系

◇　礼貌对待朋友

◇　能给朋友提供帮助

◇　坐车、玩耍时讲秩序

◇　不为达到目的而挥舞拳头

◇　在朋友中能准确阐述自己的主张

◇　喜欢上学，对同学和老师不反感

◇　与各类朋友接触并关爱和帮助朋友

◇　能表达清楚对朋友或其他人的喜爱

◇　没有家长的帮助也能自行解决问题

◇　朋友经常来家里玩，也经常去朋友家玩

语言·生活习惯

◇　不说谎

◇　不说脏话

◇　早睡早起

◇　不乱碰他人的东西

◇　能自行完成自己负责的事情

◇　语言表达能力强，他人能轻易理解

◇　有固定的吃饭、做作业时间并自行遵守

◇　能到超市、面包店、洗衣房等较近的地方帮妈妈办事

健康

◇　不挑食

◇ 打过疫苗

◇ 定期做运动

◇ 没有特殊疾病

◇ 吃饭有规律，而且定量

◇ 吃快餐一周不超过两次

◇ 不比同龄人矮小或单薄

◇ 几乎不吃甜食和方便食品

◇ 通过视力、听力检查了解健康状态

◇ 玩耍或学习一整天也不觉得累，体力充沛

◇ 定期去小儿科检查健康状况和成长发育状况

身体发育

◇ 能跑能跳

◇ 活动量变大

◇ 能骑自行车

◇ 能做复杂的运动

◇ 乳牙脱落开始长恒牙

其他

◇ 开始学乐器

◇ 坚持写日记

◇ 了解家人对自己的期待

◇ 养成坚持阅读的好习惯

◇ 能自行计划如何过一天

◇ 和家人一起参与体验学习

◇ 按时完成家里布置的任务

◇ 能随意画出自己所想的内容

◇ 能辨别事情是对自己有利还是有害

◇ 在固定的时间看固定的电视节目

◇ 上学前和下课后，能自己安全地在家附近走动

◇ 1 年内观看 3 次以上的演出或定期去博物馆和美术馆

告诉孩子学校是好玩的游乐场

走向新的世界

适应学校

Mom & Kids · 指导方法

1. 孩子上学的第一天

"金哲秀!"想到班主任点名,妈妈不由得紧张起来,"孩子犹犹豫豫答不上来怎么办?""会不会听错名字呢?"忽然又想起邻居妈妈的话来,孩子给老师的第一印象非常重要……

入学对于妈妈和孩子来说都是"大事件"。看见几十张陌生的面孔,妈妈会希望自己的孩子能很快融入新集体;看见班主任,会希望孩子能喜欢老师、喜欢上学。从这个时候开始,很多事情都需要由孩子自己来承担。您很担心孩子向新世界迈出的第一步吧?

其实不用过于担心,学校并不像妈妈们想象的那样严格和令人担忧。小学一年级对于孩子来说是一个充满新鲜感的好玩的游乐场。要记住,在游乐场最重要的是一起玩耍的朋友们。孩子们上学不是为了学习,而是为了和朋友们玩在一起。若希望您孩子身边有很多好朋友,就先让他成为一个好的伙伴吧!

2. 小学一年级生活指南

小学一年级生活不仅对孩子来说非常重要，对于妈妈而言也是如此。因为孩子的小学生活会由于妈妈对信息的掌握能力不同而有差别。

从幼儿园到小学的三个变化

在学习生活上

幼儿园以游戏为主，注重将教学内容渗透到游戏中，没有许多的规章制度制约他们。而小学却是以学习为主，注重将教学内容传授给孩子，一进校门就有许多的规章制度，如小学生守则、小学生行为规范等，时间一长，孩子很容易对新校园失去新鲜感。

在人际关系上

幼儿园老师和孩子整天相伴，和小朋友们一起做游戏，而小学生和老师的接触主要是课上，同学间的交往也很少。

在评价标准和要求上

幼儿园老师较重视激发幼儿的想象力，而小学老师较重视孩子知识、能力的培养。

养成良好的课堂习惯

一年级的孩子刚刚入校时，对陌生的学习环境有很多不适应的地方。为了让他们尽快熟悉并融入学校生活，妈妈应该告诉孩子在课堂上应该怎么做，并帮助孩子养成良好的课堂习惯。

小学课堂的五项要求：

◇ 铃声停，快坐好。

◇ 专心听讲，开动脑筋。

◇ 积极发言，发言先举手。

◇ 坐姿端正，不东张西望。

◇ 遵守纪律，不做小动作。

❦ 小·提示 ❦

如果妈妈不要求孩子做额外的习题，可以认真查看教科书中的学习活动部分。一般来说，教科书的每个章节最后会有对本部分所学内容的整理和提问，没有比这个更好的题集了。

3. 小学老师讲述的一年级情况

在学校生活中，孩子与老师的关系是非常重要的。如果与老师的关系不和睦，孩子可能会不愿上学。这时妈妈会担心孩子是否惧怕老师，是否适应不了学校生活。以下是学期初让老师记住我们孩子的方法。

改正入学时的问题

老在嘴里嘀咕

多进行举手发言练习。有些孩子只会在嘴里嘀咕，或在老师提问时不敢举手回答。不是因为不懂，而是因为缺乏表达自己想法的练习。要在入学前帮助孩子提高表达自己想法的能力。

上课时总想去卫生间

平时多向孩子讲述学校的规则。要告诉孩子学校和幼儿园有何不同，上课时应该怎么样等，也要多强调每天上课前去趟卫生间。

不愿与妈妈分开

如果孩子比较敏感内向，就不太容易适应新环境。入学前带孩子去学校参观教室、卫生间，让孩子先熟悉一下。

上课时走来走去

平时多做长时间坐定学习训练。一年级新生中有很多孩子坐不住，无法坚持上 45 分钟课。如果孩子平时比较散漫，可以让他在家和爸爸妈妈一起坐下来进行量表练习。

写不了通知函

现在的一年级课程都是在识字的基础上进行的。通知函也会在学期初开始写，所以在入学前要练好简单的读和写。

没有时间观念

学校和幼儿园不同，需要严格遵守上课时间，45 分钟授课，10 分钟休息。不过很多孩子还不能很好地做到这一点，比如上课铃响时还在操场玩耍，在上课时间内无法完成指定任务等。可以对孩子进行每天 30 分钟集中注意力的训练，逐步提高孩子的时间观念。

❀ 小·提示 ❀

不要在孩子面前说老师的坏话

老师是"学校里的父母"，大人对老师的否定意见会让孩子对学校生活产生不安感。要告诉孩子父母是信任老师的，孩子才会信任和听从老师说的话。

小学老师讲述的一年级学生情况

好：以端正的姿势对视

一年级认真听老师的话是非常重要的。为了让孩子尽快熟悉学校生活，班主任老师会事无巨细地认真讲解。上课时看到以端正的姿势认真听课的孩子会觉得特别可爱，认真听课努力与老师对视的孩子，老师自然会多看几眼。

一般：过分惧怕老师

学期初有些孩子看老师的眼光有些许畏缩，行动也特别拘谨，可能是在家听到过很多去学校会被老师惩罚的警告。"去学校老师会很和蔼"，经常听到这种话的孩子会积极提问，精神上也比较放松。

好：准备好学习物品

学校一般会提前召开新生家长会，告诉家长开学时要为孩子准备的物品等，父母需要根据老师的要求为孩子准备好物品。如果没准备好会影响孩子的学习，所以这一点非常重要。如果父母没有时间，就要让孩子养成自己准备学习物品的习惯。

一般：无法很好地适应45分钟课堂规则

幼儿园授课以游戏为主，课间开个小差也无所谓。但在小学，课时45分钟都要集中精神听讲，开小差是不被允许的，上课时和朋友们闲谈或走来走去等散漫的行为都会影响上课质量。

好：有创造力

虽有很多学生会参加课外辅导，但有自己特色的孩子并不多。当然也有孩子能根据指定的主题和素材制作有创造力的特别的作品，对富于天真和独创性的作品老师会多加赞赏。

一般：无法表达自己的想法

有些孩子能对老师和同伴明确表达自己的想法，发音正确，说话的态度也很端正，上课时遇到不懂的问题也会举起手来提问。相反，有些同学不经常发言，指定他回答也犹犹豫豫，向老师表达想法时也不知所云。看到这些学生老师会比较郁闷。

❋ 小·提示 ❋

小学一年级新生，这种情况下会比较有压力

※ 突然要求他行为举止有礼貌。

※ 上课时不能走动，要坐着听讲。

※ 早睡早起，在指定的时间内到校。

※ 惧怕老师，不知如何与老师相处。

※ 妈妈与以前不同，变得非常严格。

※ 功课任务变得比较重。

※ 和不喜欢的人成为同桌。

4. 关于学校生活的6个具体疑问

Q：一年级孩子的学习能力应该达到什么水准

　　如果完全不识字，孩子上学时会出现紧张的情况，所以最好提前教一些，让其具备基本的阅读能力。对于语文，需要每周确认一周学习导读，提前预习相关内容，并每周进行一次听写练习。对于数学，能读 1~100 的数字并进行简单的加减运算即可。英语的话，一年级时只要认识基本的单词，能简短用英文打招呼并表达出自己喜欢的颜色、动物、食物、数字、家庭成员等，能听懂简单的课堂用语并与老师进行互动就可以了。

Q：孩子平时常去卫生间，在学校会不会出糗

　　告诉孩子课间休息时去趟厕所，如果上课时比较急也可以举手示意告诉老师。就算发生意外老师也会帮他处理不让其他孩子发现，所以不用过于担心。如果情况比较严重甚至需要去医院治疗，可以提前和老师

打招呼，并把预备的衣服提前交给老师。

Q：一年级每天在校日程是什么样的

不同地区不同学校在日程的安排上会有不同，妈妈可以提前咨询班主任具体情况。一般来说，小学是上午8点开始上课，授课时间是45分钟，4节课结束之后学校会提供午餐。下午1:30上课，3:55放学后有兴趣班。学校通常会开设英语、电脑、美术、乐器等各类特长兴趣班，学生可根据自身爱好加课。

Q：如何请假

若有特殊情况需要请假，可以提前写好请假缘由并申请。若因突发事件缺席，可事后补充申请。

Q：班级编制、学生数、同桌是如何决定的

安排到指定的小学之后会根据那里的规定来编班。一般学校不会按照成绩分班，但有些学校也会有不同。每个班的学生数会根据学生总数、学校教室数和教师数比例来定，一般有35~40名。同桌一般都是由老师来决定，保证男女"搭配"。如果是每个人一个桌，就不存在同桌的问题。

Q：可以通过哪些渠道和老师沟通

老师不会对所有的学生进行家访，而只在必要的情况下去个别学生家探访。妈妈可以利用接送孩子的机会或者午餐时间自然地与老师面谈，

除了访问也可以通过电话、信件、邮件来与老师沟通。

※ 小·提示 ※

妈妈能帮助孩子适应学校生活的7件事情

※ 经常与孩子的班主任沟通。

※ 努力让家庭氛围和谐，别让孩子感到不安。

※ 要注意孩子从学校带回家的物品。

※ 协助孩子完成作业，但不能代劳。

※ 把生活中的活动与学习关联起来，培养孩子对学习的兴趣。

※ 积极参加学校组织的各种活动。

※ 不要因成绩差而对孩子进行体罚，也不要因成绩好而过多地给予金钱或其他物质奖励。

5. 快速适应学校生活的5种训练方法

让孩子认识到学校是快乐的地方

据说为了让孩子认识到"学习像糖果一样甜蜜",犹太人学校在开学第一天会让新生用沾满蜂蜜的手指在纸上写字母再舔着吃,可以用类似的方式向孩子展示学校的好处和值得期待的地方。

遵守规则

去上学就会发现有很多需要遵守规则的地方。每天早上哭闹着不想去学校的小孩多半是无法接受新的环境和规则。为了让孩子更好地适应学校生活,需要耐心给他讲解什么是规则,为什么要遵守。

养成良好的习惯

孩子上学之后,每天早上在想让孩子起床的妈妈和要多睡一会儿的

孩子之间都会发生一场"战争"。早晨是大脑最为活跃的时期，因此语文和数学大多被安排在第一二节课，上初中之后的考试安排在早上也是这个原因。要让孩子养成早睡早起的良好生活习惯。

提高沟通能力

团体生活中沟通是非常必要的。为了不让孩子过于害羞，犹犹豫豫无法回答他人问题等，要在家里与他进行对话练习。

让孩子在椅子上待45分钟玩游戏

小学上课时间是 45 分钟，在这不短的时间内孩子会分为两类:能集中精神的孩子和散漫的孩子。散漫的孩子不仅会成绩下降，人际关系上也会出现问题。训练可以从待在椅子上玩 45 分钟游戏开始。

> ❧ **小·提示** ❧
>
> ### 要不要让孩子睡午觉
>
> 小学一年级的学习量会增加，适当午休有助于大脑休息。但如果会导致孩子晚睡，则应让孩子少睡或不睡午觉。睡到下午3～4点会影响晚上的睡眠，所以最好早点睡并只睡30分钟左右。午觉和晚上的睡眠要相隔4个小时以上，如果是因为疲劳而睡的话，不用睡得很深，眯10分钟眼就可以了。

6. 如何帮助孩子区分学习时间和休息时间

李仁实院长说："首先要让孩子理解并区分学习时间和休息时间。"家长要以身作则，让孩子看到如何在明确的目标下将工作和休息区分开来，理解指定的任务要在指定时间内完成的重要性。

现在的父母，都很重视孩子的学习环境，在有条件的情况下，会给孩子准备独立的房间，有的家长甚至会给孩子大一些的房间，自己住在小房间里。但给孩子一个独立的房间并不等于他就能学好，不懂得预习和复习的低年级学生在一个人的环境里容易紧张或放弃。养成每天在家学习的习惯不容易，需要有人在旁边看着。当然这不等于监督，一个可以和家人对话的开放的环境比独自关在屋里更有益于孩子的学习。其实饭桌是一个教育和培养孩子的好地方，孩子在饭桌上学习时父母也可以在一旁读书。

吃饭时关掉电视机

饭桌是孩子学习的地方，也是家人对话的地方。现代人生活习惯不同了，一家人很难聚在一起谈话，唯一的机会往往是吃饭时间。而这时如果打开电视机，会让这个机会也随之消失。非饮食时间可以让孩子多看一些科学常识和纪录片，这类栏目可以有效激发孩子的好奇心。

图画书和世界地图要放在卧室

书一定要放在孩子触手可及的地方，卧室里必须要有地球仪或世界地图。和父母一起看新闻的孩子对陌生国度的新闻不感兴趣，那是因为不知道那是哪里，父母陪孩子一起寻找地名可以很好地帮助孩子掌握地理位置的概念。

作业和桌子整理要让孩子独立完成

作业尽量让孩子独立完成，但也要让孩子感受到父母的关注。首先要明确孩子能否独立完成。要了解孩子的能力范围，平时多留意孩子的学习情况，若有薄弱的环节或无法处理好的难题要告诉班主任寻求帮助。干净整洁的桌面可以提高注意力集中度，要让孩子养成把物品放回到原位的习惯。

7. 为什么孩子不愿意去学校

"我们家孩子认为学校是可怕的地方。上幼儿园时我们曾吓唬他说,去学校要乖一点,不听话老师会打人,可能是因此害怕。上了小学后,老师待他很好,但他还是非常紧张。怎样给孩子树立学校的正面形象呢?"

韩国三星首尔医院小儿青少年精神科郑友淑教授说,不想上学时孩子一般不会直接说"不想上学",而会找诸如"肚子很疼"这类借口。这时孩子并不是要小聪明,而是那个时刻真的会疼,但去医院检查却没有问题。有时孩子也会无缘无故发火,不吃早餐。有很多父母因孩子不能很好地适应学校而担心。过于夸张的警告是祸根,"学校是可怕的地方"这个想法已植根于脑海,不易去除,对此父母应负主要责任。给孩子的负面印象既已无从挽回,就应更努力刻画积极的一面。如果父母积极正面地讲解,在学校发现也没那么多恐怖的事情时,孩子终究会喜欢上学校的。

如何让孩子喜欢上学

如果孩子不愿去学校，首先应了解真正的原因是什么。因为这种结果往往是家长造成的，所以家长要积极努力去除孩子对于学校不好的印象，站在孩子的立场上理解孩子，降低他的紧张情绪。

环境变化导致的压力也会暴露潜在的问题。幼儿园时只是一个散漫的孩子，到了需要长时间过团体生活的学校，孩子身上隐藏的问题会突显出来，如交不到朋友、反复被老师批评会让孩子压力增大、不想去学校等等。孩子紧张的原因是怕再次犯错而受惩罚，有些敏感的孩子很怕打手心。要告诉孩子无论他是否犯错，老师都不会体罚，要让孩子认识到老师是一直会站在他那一边帮助他的亲切的人。

如果孩子非常抵触学校，要告诉他"学校不是只能学习的地方，而是可以和朋友老师玩在一起的游乐场"。若给他"做错了会被惩罚"、"学校是要领先别人的竞技场"等不好的印象，可能会让他对学校生活失去兴趣。所以不要告诉他学校是"努力学习的地方"，要告诉他"学校是交朋友的地方"，是"告诉你新的有趣东西的地方"。

❋ 小·提示 ❋

易成为"落单者"孩子的指导要领

※ 很自然地询问学校里发生的事情，问"和朋友们玩什么了"、"学到什么了"等问题，确认孩子适应学校的程度。

※ 对于个子小、脸上有疤等身体有缺陷的孩子要多讲一些鼓励的话，增强孩子的信心。可以开发孩子的一两种特长，让他遗忘那些缺陷。

※ 现在的孩子比较容易以一栋楼、一单元、一个辅导班为单位结交朋友。如果孩子无法与同龄孩子打成一片，可以邀请同年龄段孩子的妈妈到家里，为他提供交友的机会。

※ 比较娇贵的孩子容易和同龄人打架，因为他们只坚持自己的主张，所以更喜欢和包容自己的哥哥姐姐们玩在一起。为了培养孩子们的社会性和融通性，要多给他们与同龄人玩在一起的机会。

8. 孩子必知的交通安全常识

　　每天早上看着一个人独自上学的孩子，妈妈都会有些许不安，学校门前车流量较大时这种担心会更加严重。不过妈妈也不能因此天天陪孩子上下学，再怎么强调也不为过的儿童步行安全教育，让我们了解一下它的指导要领吧。

　　儿童安全事故中所占比重最高的就是交通事故，其中最多的是步行交通事故。有效的儿童步行安全教育要长期进行，反复地强调直到让孩子养成生活习惯才能见效。

步行安全教育指导要领

陪孩子上学一周左右

　　对于刚入学的孩子，妈妈可以陪同上学一周左右，之后要指导他一个人完成。妈妈长期陪孩子上学会让孩子产生依赖性，妈妈一旦不去孩子就会赖皮、吵闹。一开始就要和孩子说好只送一周，让孩子有心理准备。选择一条安全的上学路线，给孩子注入能独立完成的自信心。

用玩具做一些模拟训练

为了孩子的安全步行教育，不妨使用玩具车模拟一下。选一个有发条的玩具车，在图纸上画好车道和斑马线，排演一个玩具娃娃过马路时玩具车快速经过的场景。为了不让玩具娃娃受伤应该怎么做，娃娃受伤倒地时应该怎么做等，要一一详细指导。

告诉孩子不同状况的应对方法

孩子的步行安全教育远不是"注意汽车"一句话这么简单，妈妈要预测所有可能发生的事，一一讲解应对方法。过斑马线时，有时候行人遵守了交通规则，但有些车可能不遵守，所以要左右查看一下然后再过去。另外，要告诉孩子不要在车后面玩，皮球飞向车道时绝对不要追过去等，针对具体情况告诉孩子相应的应对方法才会有实际效果。

要选择适合体型的自行车

不要忘了自行车安全规则。一般为了让孩子骑得久一些，妈妈会为孩子买大一些的自行车，而这恰恰是发生事故的一大隐患。因为孩子往往会用不正确的姿势骑车，这样危险系数大大提高。除此之外，妈妈还要指导孩子戴好骑自行车的各种保护装备。

父母要以身作则

所有教育的基础都始于以身作则。与子女一起过马路时如果闯红灯或违反交通规则，就如同告诉孩子"下次你也可以这么做"。每当新闻中播出交通事故，或与子女过马路前等待绿灯时，抓住机会讲一讲交通事故的危害性都是很好的教育方法。

为孩子准备的确认清单

◇ 过马路前先停住查看左右。

◇ 变成绿灯之前不站在车行道上。

◇ 看驾驶者的眼睛，确认他看到我之后再过马路。

◇ 从斑马线右侧过马路。

◇ 在没有信号灯的时候更加小心地过马路。

◇ 不会突然从人行道冲向车行道。

◇ 皮球滚到车行道时不会追上去。

◇ 不在停放的车后面玩。

◇ 过有红绿灯的斑马线时也会举着手过马路。

为父母准备的确认清单

◇ 有过盲目过马路的经历。

◇ 有抱着小孩坐汽车副驾驶座的经历。

◇ 让孩子过马路时靠左侧。

◇ 在斑马线前驻车。

◇ 驾驶时看到步行绿色信号灯闪就会准备开车。

◇ 觉得在路上应该以车优先。

◇ 在小学周边上下学路段驻车。

◇ 发现在车后面玩耍的孩子会放任不管。

◇ 平时会催孩子们快点。

◇ 有过在路对面叫孩子的经历。

看看以上清单中有多少是你的孩子或者你自己曾做过的，对于正确的安全习惯要及时肯定，不正确的安全习惯要尽快改正。

✿ 小提示 ✿

安全过斑马线的 5 条原则

※ **先停住** 过马路或过车行道时要先停住。

※ **查看左右** 先查看左右是否有车，再过马路。

※ **在斑马线的右侧向驾驶者举手** 因为车从左边过来，要站在斑马线右侧举右手确认左侧来的车辆，过中线之后再举左手确认从右侧来的车辆，确认车辆时要看驾驶者的眼睛。

※ **确认车辆是否停住了** 就算是绿灯也得先确认车是否已经停住了。

※ **过马路的途中要一直注意车辆** 过马路时要举手并一直盯着车辆，驾驶者有可能在踩刹车时误踩油门。

9. 什么时候拜见老师比较好

孩子入学后会有与班主任面谈这个重要的环节。把孩子托付给学校的父母和照顾教育孩子的教师间保持紧密的联系是非常重要的，但对于大多数父母来说与班主任面谈并不是一件轻松的事情。不过，为了在孩子出现问题或发生需要讨论的事情之前能及时与老师沟通并解决，平时建立起良好的关系显得十分有必要。家长如果放轻松并心怀感激就能进行良好的面谈，如果想表达心意也可以写一封信或在学期末送一个小礼物。

基本的礼仪

第一次见面

第一次与老师见面时，要着装端庄，遵守礼仪。除了指定的面谈时间外，需要见面时要提前打电话预约并在不影响老师工作的时间段前往。

面谈时期

多数妈妈会在学期初去学校见老师沟通关于孩子的各类问题。不过

最好的时期是孩子上了一段时间的课后，这时教师对孩子有了一定的了解，而且也过了学期初老师们异常繁忙的时期。

面谈时间

去学校找老师前最好先确定面谈时间。大部分学校都有指定的面谈时间，可以多加利用。需要上班或因个人情况无法在面谈时间前往时，请求老师谅解并约其他时间面谈。如果实在没时间，可以在课余时间通过电话询问老师，进行沟通。但要注意，通话时间不宜过长。

面谈内容

与老师面谈最好不要耽误老师的工作，父母提前记好要点可以节省时间。只谈和孩子相关的问题，且最好不带孩子，回家后可以选择性地把谈话内容告诉孩子。

与老师面谈的要领

父母一年最好至少拜访班主任两次，聊一些和孩子教育相关的问题，只有准确了解孩子的情况才能在学校和家里教育好孩子。与班主任的交谈，不仅能告诉老师孩子的优缺点，也能体现父母对于孩子的关注度。第一次面谈应该安排在新学期开始的那个月，第二次最好在第二学期结束前。学期开始和结束的时候确认孩子的成长和发展，能了解孩子一年来的变化。如果有时间，可以在假期结束后与班主任讨论孩子的假期生活。去见班主任时可以准备小礼物略表心意，不需要贵重物品或钱财，只要能表达心意就好，最好不要让老师感到有负担。

10. 怎样才能让孩子写好通知函

　　有很多一年级学生写不好通知函。有些孩子会写错，有些孩子干脆不写。有些孩子为了不做指定任务而不写通知函，回家谎称没有任务。一年级学生写通知函的时间是午饭前或午饭后，一般是抄写老师写在黑板上的内容。因为需要同时完成几件事情，对于不熟悉学校生活的一年级新生来说会显得比较难。有些老师会检查通知函，不检查的话经常出现学生没能及时记下的情况。

写好通知函的技巧

指导小·孩慢慢写

　　有时候孩子会忘带通知函或漏下几个内容，父母因焦急而亲自去学校拿回通知函或打电话给同班同学询问等方式都不可取。要让孩子自己去解决问题，给他逐步减少失误的机会。特殊情况下，可以让孩子自己去朋友家询问。这时最好不要打电话，而应指导他自己找上门。当然，

最好提前给对方家长打招呼请求谅解。

使用通知函专用记事本

通知函可以记在一般的记事本中，不过使用市面上的通知函专用笔记本会更加方便，这类本子已画好格子并留有日期位。通知函中不仅记载课堂所需的各类物品和任务，还有老师给家长的一些建议。家长可以看着通知函准备相关物品，也可以确认老师的要求内容。

平时进行写通知函练习

平时通过与孩子互递纸条训练书写自己意图的方法，让孩子跑腿时记录相关物品也是很好的通知函练习。孩子写不好通知函也不用特别担心，过一段时间熟悉学校生活以后，孩子自然能写好。

准备物品时的指导要领

确认通知函

刚开学时学校会以家庭简报方式通知需准备物品、作业等事项，之后会开始让孩子自己记下带回家。孩子有可能会记错，所以妈妈需要细心检查。看到通知函后不要独自准备，要和孩子一起完成。孩子能自己准备时，可以问他是否需要帮忙，注意只给予他所需要的帮助。

在客厅挂上简易黑板

在大家都能一眼看到的地方挂上简易黑板，下课后先问孩子有没有明天需准备的物品。如果孩子回答不出来，就问得更具体些，比如运动服、乐谱、画册等，然后让孩子写在黑板上。第二天孩子准备上学时，可以再对着黑板确认一遍。

与孩子一同准备

不要把一切扔给孩子让他自己来，前 1~2 个月要多帮忙。面对陌生环境，要独立完成一切会让孩子产生很大压力，在书包里放一些孩子喜欢的物品或照片也有助于稳定其心理。

成为既聪明又有逻辑的孩子

必须强调的
家庭教育

Mom & Kids · 指导方法

11. 如何避免每天早上的"起床战"

上小学后，孩子和妈妈之间几乎每天早上都要打响"起床战"，"战争"结束后妈妈身心俱疲，而孩子只能匆忙吃点早饭就冲向学校，还经常落下一些准备物品。

都说"一日之计在于晨"，相信无论是妈妈还是孩子都不想每天都以这样的方式开启新的一天。如果你想让孩子拥有一个美好的学校生活，从现在开始就让他养成早睡早起的好习惯。

改掉赖床毛病的方法

让孩子自己起床

早上孩子起晚时，妈妈不用焦急地说"快起床"、"快洗脸"，放任孩子迟到一次也是有效果的。如果孩子经常迟到就不叫他起床，事先和老师打个招呼，孩子在听到老师的警告后会马上改进的。如果每天早上都由妈妈叫他起来，他就会认为妈妈帮忙是理所应当的，也就意识不到自己的问题。如果你不想让孩子变成依赖他人的懒惰孩子，就放任他晚起吧。

反省家人的生活习惯

在大人晚睡晚起的家庭环境中要求孩子早睡早起是不合理的。父母在晚上若像白天般频繁进出客厅，是无法保证孩子入睡的气氛的。要早点关上电视和客厅的灯，给孩子营造良好的环境。

偶尔准备一个特别计划

如果是假期，可以订一个孩子最想去的地点的游玩计划。一定要选择孩子想去的地方才有效果，先告诉他，"明天要去游乐场就得早上 × 点起床，否则就去不了了。"如果第二天孩子起不来就不去，这是让孩子明白不遵守规则就要承担相应后果的好机会。

告诉他早起的理由

再好的习惯，如果不能让孩子接受就无法让他坚持，要告诉孩子早上几点前上学就必须几点起床几点吃饭。让孩子自己定下早起规矩自己实施也是很好的办法，告诉孩子妈妈因晚起而导致的窘境经历也是不错的主意。

✱ 小提示 ✱

晚起的孩子，给他准备一个红色的闹钟吧

对于每天早上都因晚起而备受折磨的孩子，用鲜艳的红色闹钟提醒是非常有效的，它能提高自律神经的警惕性。对于情节严重的孩子妈妈可以使用红色围裙加红色闹钟的组合。

12. 如何根据孩子的性格来布置房间

布置提高学习效率的房间的技巧

选择家具 & 布置的技巧

　　小孩使用的家具最好选择能随着孩子成长而调整的那种，最好是带轮子能移动的。功能多样的桌子会让孩子分心，可以选一个简单的 U 形桌。桌子可以布置在打开房门时能一眼见到的位置，也要注意和门保持一定的距离，这样可以少受干扰。床要放在桌前看不到的位置，且在床的旁边放一个隔离物，把睡觉与学习的空间隔开。书柜可以放在桌子后方或靠墙的位置，不要让孩子太有压力。

物品放置技巧

　　常用的物品要摆在孩子视线所及的地方，铅笔、胶水、剪刀、水彩笔等物品统一放到塑料桶或铅笔盒里，调色板、染料、砚、墨等美术用品和小号、乐谱等音乐设备集中放到离桌子较近的地方，彩色纸可以和

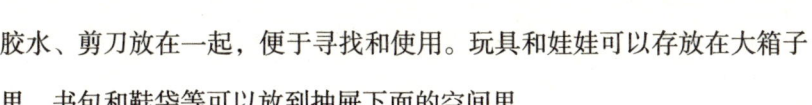

胶水、剪刀放在一起，便于寻找和使用。玩具和娃娃可以存放在大箱子里，书包和鞋袋等可以放到抽屉下面的空间里。

室内温度 & 照明选择

最适合学习的室内温度是 15~20 度。要适时打开窗户通风换气以保持空气新鲜。照明可以选择整体照明和部分照明结合的方式，150~200 勒克斯的亮度比较合适。为了保护眼睛，台灯可以选用无闪动的有自然光效果的。能减少眼睛疲劳的照明位置是把台灯放在孩子的左前方，如果是左撇子就在右前方。

根据孩子性格布置的技巧

无法集中精神的孩子

华丽的墙纸或五颜六色的屋内布置都会影响孩子的注意力，可以用能让心理有稳定感的绿色或米色来布置。电脑、游戏机、明星照片等会分散学习注意力的东西应放在抽屉里或床底下，桌上只放一些一两个小时内会用到的学习材料。另外，打开桌上的台灯也有助于集中精神。

没有自信心的孩子

无视孩子的意见，只根据父母的喜好来布置房间会让孩子感到沮丧。尽可能使用孩子喜欢的颜色和图案来布置房间，墙上贴一些孩子亲自画的图画可以增强他的自信心，在桌上贴一些名言名句也比较有效。

在文艺方面比较有潜力的孩子

如果想培养孩子在文学或艺术方面的潜能，就应该让他多表现感性

的一面，技巧就是多放置一些孩子有兴趣的领域的物品。如果孩子喜欢踢球，就在他的房间放上足球或球星照片，这可以挖掘孩子的潜能。画有卡通人物的墙纸和垫子有助于刺激孩子的创造力和感性思维。

❀·小·提示·❀

男孩的房间可以这样布置

男孩一般坐不住，会经常蹦来蹦去，普通的桌子都经不起折腾，可以为男孩选择宽而结实的书桌。房间的整体色调可以选择富有稳定感的蓝色系，营造明亮而稳重的氛围。

13. 怎样给孩子特别的奖励

每次整理桌面或完成作业时，有些孩子会期待妈妈的肯定，因为有些父母会给完成某些善事或不想完成的事情的孩子一些"物质奖励"。

专家建议，不能让孩子形成做完一些好的事情后有物质回报的期待心理。因为无论在精神上还是身体上，孩子毕竟还是成长中的尚未成熟的人。一不小心，这些"回报"可能会成为孩子完成某些任务的主要动机。对于孩子来说，社会性回报比物质性回报有价值。

假设，妈妈做晚饭需要买一块豆腐，孩子去超市买来豆腐之后，你是把零钱给他呢还是对他大加赞扬呢？相信多数明智的妈妈都会选择"赞扬"，而不是钱。告诉他："多亏我们××帮忙，晚饭才做得这么快，××能帮妈妈做些事情了，都成大人了哦。"孩子会觉得自己对家人的晚餐提供帮助了，会因为自己完成了了不起的事情而充满成就感。要明白对孩子行为的肯定是鼓励他们完成某些任务非常好的工具。妈妈要多使用能培养孩子自豪感的"回报"，而不是钱。

14. 培养孩子成为"小书虫"的秘诀

一听到书就想逃跑、比起书更喜欢漫画、不会认真读而只会随意看两眼……对于孩子的这些毛病我们当然不能熟视无睹，听之任之。阅读很重要，我们要用正确的方法引导孩子成为"小书虫"。

小学一年级应该读什么书

小学一年级的学习过程中读书是必须的。语文科目的主要内容就是读文章、说感受和讨论，还要写图片日记。而学习数学的过程中如果理解不了题干，也无法解题，所以提高阅读能力需要反复强调。那么小学一年级的学生应该读什么书呢？这个时期的孩子需要通过书培养梦想，获取知识，所以能够刺激想象力的书是首选。具有想象力的童诗和反映社会生活的寓言就非常合适，读寓言可以让孩子分辨善恶，树立正确的道德价值观。

分阶段培养读书习惯的方法

第一阶段 寻找孩子感兴趣的领域

为了培养刚入学的小朋友的阅读习惯，首先要了解孩子。选择与孩子的兴趣和关注点相符的书籍。这样才能把握孩子的读书意向，往有益的方向引导。将与孩子关注点相关的书籍作为指导可以激发孩子的兴趣，比如孩子喜欢魔术节目，可以帮他寻找与此相关的故事书。如果孩子对这本书不感兴趣，可以再找找其他兴趣，然后引导到新书里。

第二阶段 以简单轻松的图画书开始

图画书不是只在幼儿期看的书。不能说上了学就应该读只有文字的书，这可能会让孩子对读书提不起兴趣，而有着丰富图片的书会让孩子感觉更加轻松，更容易接近。选择字数少、结构比较简单的书，最好是讲一些小学一年级孩子可以理解的思想，要尽量避开那些思想过于深奥的书。现在有很多适合低年级孩子读的老故事、满足求知欲的科学书、能学习同龄人经验的生活童话等图画书。孩子对读书比较熟悉之后妈妈再逐步引导，从图片比重较大的书逐步转为文字比重大的书。若一开始推荐很难的书，可能会让孩子失去兴趣，要让孩子自己选择。

第三阶段 多读喜欢的书和类似的书

孩子习惯读书之后会有喜欢的书，这时要帮孩子寻找喜欢的书和类似的书，让读书的乐趣延续下去。读完一些很短的童话之后，可以换成故事稍长的。如果孩子喜欢读书，且读书量大，可以推荐他读一些图画伟人传。伟人传可以让孩子的读书世界从非现实性的童话世界转到现实世界，也可以增其强理解能力。

第四阶段 读完书之后要讨论

　　孩子读完书之后父母要读同一本书并与孩子一起讨论。一年级孩子的阅读一般止于了解大致内容，很难独立把握内容背后的深意。父母可以与孩子一起坐在饭桌前，随意地提几个与书本相关的问题，大致把握孩子的理解程度。如果给孩子指出一些他没有想到的书的中心思想、有趣的构成、作者介绍等，孩子会觉得书是一种有趣的玩具。这个方法可以让孩子感受书的魅力，培养孩子的理解能力。

不同类型的孩子的读书指导方法

只喜欢漫画书

表达能力有限、想借助图片帮助的孩子大部分属于这一类。过多的漫画可能会减少培养孩子表达能力的机会，降低其认真观察事物和独立思考的能力。不过让一直看漫画书的孩子直接跳到看文字书会给孩子带来很大负担，这时选择介于漫画和文字书之间的图书比较合适。选择时找那些语言表达准确，或以生动活泼的形式展现科学常识、社会文化的书籍最佳。

对书没有兴趣

指导对书不感兴趣的孩子读书最重要的是找到他不喜欢书的原因。可能是从小没有养成看书的习惯，也可能是不太识字而对书没有兴趣，看电视过多而未能养成深思的习惯也会让孩子无法体会读书的乐趣。对于这些孩子最好给他们选择那些内容不多、表达方式简单、容易引起共鸣的书籍，当他发现读书并不是很难时，会再要一本的。

读书读得太快

读书过多的孩子会有这类问题，因为他们觉得读书就是读主要内容，家长和教师过多地强调中心思想或者快读也会促成这种不好的习惯。要告诉孩子书中不仅有主要内容，还有可以想象的部分、可以推理的部分、可以批判的部分。尽量让孩子仔细地读，读完后妈妈可以提几个问题。妈妈提问后再赞美他，他下次读书时就会想着那个问题。可以让孩子多读有思想内涵的童话和寓言故事。

书的内容很悲伤但孩子不哭

这类孩子属于想象力不够丰富的类型。比较相信科学的孩子也不会因书中主人公的遭遇而伤心，因为他觉得这是假的。这类孩子，要多为他提供发挥想象的机会。一个可行的方法是背童诗，背诗可以让孩子在脑中想象当时的情形。这时脑中的画面和发出的声音会结合起来，促进想象力。

读书超不过 5 分钟

这是小孩注意力差的表现。对这种情况长期放任不管，可能会让孩子变得散漫，所以应及时给予纠正。最好的方法是让孩子沉浸在自己感兴趣的书里，可以通过搭硬币、筷子夹豆、找图片差异等游戏来提高孩子的注意力。

高手妈妈的成功经验

范例 1 小玄（小学四年级）·珍玄（小学一年级）的妈妈郑永熙女士

抛弃"书即是学习"的想法

妈妈都希望孩子读书然后把知识一点一点累积起来，能让孩子们一辈子坚持读书才是真正的读书教育。

不是什么书都可以交给孩子读

要让孩子喜欢书就要根据他的喜好选择适合的书籍。妈妈要在孩子身边放上好看有趣的书，让孩子享受阅读。

选择有文学价值的书

选择有文学价值的书能让孩子的读书水平逐步提高。

不让孩子读杂乱的漫画和简版书籍

尽量不要买画面杂乱且故事情节差的漫画，为了学校课题而去阅读只有简单故事框架的精简版书籍也是不可取的。

范例2 俞珍（小学一年级）·俞丽（5岁）的妈妈全恩静女士

把读书空间布置得很有气氛

给孩子营造一种想要读书的环境是很重要的，提供能尽情读书的空间，营造适合读书的气氛。

从级别较低的书开始阅读

如果孩子以为书既深奥又难懂自然会远离它。即使是简单的书，只要能坚持读下去，就会在不知不觉中养成读书的习惯，阅读水平也会不断提高，慢慢也就能找到适合自己的书了。

积极利用报纸和杂志

报纸和杂志上多样的信息很容易让孩子们产生兴趣，当他们明白自己想了解的信息能通过文字获取时会更喜欢阅读。

15. 掌握不同性格孩子的不同学习方法

即使坐在书桌前，孩子也并不一定是在学习。每个孩子的外貌不同，性格不同，学习方法也不一样。让我们一起了解不同性格孩子的不同学习方法吧。

阅读以下问题并在左右问题中圈出符合孩子情况的说明，看看孩子属于哪种类型。

与人相处

E 类型

■ 交很多朋友

■ 能去陌生的地方跑腿

■ 聚会时话较多

■ 经常听别人说自己活泼积极

■ 时时把自己的心情说给别人

I 类型

■ 只和几个朋友深交

■ 害怕去陌生的地方跑腿

■ 别人问起才会回答

■ 经常听别人说自己很安静

■ 把自己的心情藏起来

■喜欢与很多人谈话　　　　　■更喜欢和要好的朋友谈话

■和朋友一起学习，效果会更好　■自己一个人学习，效果会更好

■比起读书更喜欢与人打交道　■比起与人打交道更喜欢读书

■比起写字更喜欢说话　　　　■比起说话更喜欢写字

■想到什么都会外露　　　　　■经常陷入思考

看待问题

T 类型

■经常问"为什么"

■意志坚强

■刨根问底

■常听别人说自己有耐性

■想成为公正的人

■即使被批评也不会哭

■被长辈抚摸头时会觉得尴尬

■讲话条理清晰

■看到恶人被制裁的场面会觉
　得很痛快

■下决定比较果断

F 类型

■常常听从他人的话

■常听别人说自己富有人情味

■善于协助别人，比较温顺

■看到穷人心里会不好受

■想成为亲切的人

■受到批评会忍不住流眼泪

■被长辈抚摸头时心情会很好

■讲话不知所云

■即使是恶人，也会觉得对方可怜

■多忍让，优柔寡断

认知技巧

S 类型

■ 善于记住具体和正确的表达方式

■ 善于记住周边人的外貌或特征

■ 常听别人说自己孜孜不倦

■ 喜欢参与自己动手的活动

■ 喜欢给有轮廓的图画上色

■ 善于背诵具体的内容

■ 觉得跟着别人一起做事更方便

■ 常常提"那是真的吗"这类问题

■ 常听别人说自己很细心

■ 通过观察学习

N 类型

■ 善于把想象的内容编成故事

■ 经常丢三落四

■ 常听别人说自己富有创意

■ 经常突发奇想

■ 喜欢自己画轮廓然后上色

■ 能看到整体的框架

■ 觉得用自己的方式更方便

■ 有想象中的朋友

■ 有着"希望做""希望成为"的梦想

■ 觉得谁都做的事情很无趣

生活方式

J 类型

■ 先做功课或做事，然后再玩

■ 讨厌被追赶着做事

■ 喜欢干净整洁的房间

■ 事先做好计划

■ 生活有规律

P 类型

■ 先玩后做事

■ 被赶到最后才做事

■ 房间脏乱也无所谓

■ 不喜欢做计划

■ 灵活安排日程

■善于备齐准备物品 　　　　■经常忘带准备物品

■发生计划外的事情时会觉得烦躁 　■条条框框的生活很无趣

■目标明确，善于实践 　　　■喜欢各色各样的事物

■做事有计划 　　　　　　　■属于做事及时的类型

■愿意听从他人指示 　　　　■属于随心而动的类型

不同性格的不同学习方法

E（外向型）

比起自己一个人，更适合与朋友一起学习；比起简单的做笔记课程更喜欢演讲、演戏、讨论课程；教成绩比自己差的朋友会有助于本人的学习；一想到自己的作品可能会被展示就会把事情做得更好。

I（内向型）

独自学习更容易集中精神；喜欢读书或思考；比起热闹的课堂更喜欢安静的学习气氛；和别人一起学习会觉得消耗能量，所以更适合独自学习；提前自习授课内容，会减轻负担。

T（思考型）

疑难点一定要问清楚；善于符合逻辑条理清晰地说明；收集、整理、评价资料的情况下，能学得更好；得到老师的公平对待和仔细的作业检查有助于学习；即使与老师和朋友的关系不好，也不会影响学习。

F（情感型）

和睦的教学气氛有助于学习；受到表扬或得到认可时成绩会上升；所学的内容是帮助他人时能声声入耳；帮助成绩比自己差的同学时，自己

的学习也会更努力;和父母的关系好,成绩会上升;与好朋友一起,成绩会上升;学习时朋友还是朋友,不是竞争者。

S(感觉型)

常听别人说自己能耐心做作业;仔细的说明有助于理解;善于背诵;比起单纯的听课,利用电视、录像等学习方法会更有效。

N(直观型)

喜欢学习新的事物,接受多样事物的能力强;善于解多选题;理解整体脉络时会集中精神;通过语言学习比其他任何途径都有效;更善于接受适合自己进度的课程;偏爱预习。

J(判断型)

考试前做好计划,按其行事;先做作业然后玩;老师讲解问题时会静下心来认真聆听;喜欢分学习小组,喜欢指点他人;诚实、坚韧不拔,因此成绩不错。

P(认知型)

自然有弹性的气氛有助于学习;强烈的好奇心使其更适合动态的学习方法;喜欢学习新事物,并能自觉地投入;当学习变得像玩一样快乐时才会有学习的劲头;解题过程灵活且有多个答案时会更有动机;需要创意和个性时会崭露头角。

16. 为孩子制订最合适的学习指导之要领

孩子规规矩矩地坐在桌前并不意味着他一定能学好。每个孩子的性格不同，学习方式自然也因人而异，让我们了解一下不同性格孩子所适宜采用的学习指导方式。

上课时老走神的外向型孩子

外向型孩子们在能发表自己意见的课堂上会更加活跃，有人成为其榜样时更能提高学习效率；比起一个人学习，更适合去辅导班。

建议

用话剧或讨论的形式让孩子展现自己的意见，多让孩子与其他朋友一同学习，让他有机会观察他人的学习方法。

一个人更能专注学习的内向型孩子

喜欢在脑中思索各种知识，面对新的状况时需要先思考，先理解过

程，喜欢能够集中精神的个人空间。

建议

孩子解决问题时多给他时间，思考与问题相关的各种要素和可能性。不过这个过程过长反而会导致错误，因此时间要控制适当。

通过五感来收集信息的感觉型孩子

若无法明确目标就不想学习，要给予明确的问题和目标；比较现实，喜欢具体事宜；比起未来，更喜欢目前的状况，喜欢亲自体验。

建议

使用电视、互联网、广播等视听类教材会更加有效，比起预习，应更注重复习。

喜欢系统化生活的判断型孩子

喜欢以自己制订的计划来学习，希望在规定时间内结束任务；不喜欢经常变化的学习环境，完成任务时若不给予肯定和鼓励较容易失去斗志。

建议

要确定系统化的学习目标并给予准确的描述，这样孩子才能安心并努力学习，完成目标时给孩子好吃的零食也是提高其学习效率的方法。

容易冲动喜欢即兴表演的认知型孩子

好奇心旺盛，上个目标尚未完成就已经对其他目标感兴趣了；事到临头才去着手解决问题；把学习当做游戏才能让他好好学；用行动表演的

方式学习会比较有效。

建议

一下安排多个任务会让孩子觉得很难，需要制订学习计划，合理安排时间，把重点放在解决拖拉的毛病上。

❀ 小·提示 ❀

高效学习三步走

※ **第一阶段 形成良好的学习习惯**　每天在规定时间里坐在固定位置30分钟，以标准姿势和准确的发音大声朗读课本。

※ **第二阶段 制订学习计划**　选一个容易集中精神的时段安排学习计划，从重要的科目开始，要制订详细的学习计划且一定要设定结束时间。

※ **第三阶段 布置学习环境**　布置一个安静、能给孩子稳定感的房间，桌子上只放置与学习有关的物品。

17. 如何指导没有耐心的孩子

喜新厌旧的孩子容易对某些事情感兴趣，但这种兴趣丧失得也快，对学习、朋友亦如此。专家认为这其实不能全怪孩子。那么如何让孩子变成一个有毅力的人呢？

3~10岁的孩子对新事物的好奇心和探索心非常旺盛，但如果无法坚持，容易厌倦且反复无常，长此以往会造成想象力匮乏和责任心的丧失。这种性情不仅会让他们对新事物产生厌倦，还会让他们无法"专一"持久地对待朋友，所以这样的孩子常常交不到朋友，陷入轻度的抑郁症。若到成年时仍然没有改善，会导致社交能力低下、适应不了社会的严重问题。

少一点唠叨，多一点表扬

妈妈过分唠叨很不好。如果形成习惯，会让孩子只关注那些鸡毛蒜皮的小事。没事老提醒或说这儿说那儿的教育方法也不可取，尤其是体

罚孩子，会在孩子的心理上或多或少地留下阴影。不如给孩子一个温暖的拥抱，效果会好得多。表扬 5 次批评 1 次的比例是树立孩子自信心的好方式。

培养孩子毅力的方法

让 3~4 个孩子聚在一起学习

让孩子与朋友们一起学习是比较有效的。3~4 个孩子聚在一起学习时会互相讨论，可以提高孩子对于学习的兴趣。

关掉电视机

看电视过多会导致想象力缺乏，也是容易产生厌倦感的原因，可以考虑在 1~2 个月时间内关掉电视机。

让孩子学习乐器

练习钢琴或小提琴可以提高孩子的集中力，也有助于培养孩子的好奇心和才能。钢琴和小提琴都需要看着乐谱演奏，可以有效集中注意力，因为手部动作多，也有助于大脑开发。

和家人一起读书

读书不仅能长知识，还能培养韧劲和想象力。一周至少一次组织家人，围坐在一起读书。可以大声读出来，也可以每个人分配一个角色来演话剧，像玩游戏一样去享受这个过程。

每天延长1分钟

一开始让小孩儿静坐 5 分钟，之后每天增加 1 分钟。如果孩子坐不住，就试着让他在一个地方坐 10 分钟，之后再换一个地方坐。其实对散漫的孩子来说 10 分钟也是很漫长的，一开始妈妈可以让孩子坐下坚持 5 分钟，之后每周增加 1 分钟直到 10 分钟。如果孩子能坚持下来，就给孩子读 15 分钟书或听 15 分钟音乐，每次挑战成功都要赞扬鼓励孩子。

检测孩子易厌倦的程度

◇ 每个月都要买 2~3 次新玩具或学习用品。

◇ 玩新玩具一般不超过 3~4 天。

◇ 集中投入到一个活动或作业的时间不超过 20 分钟。

◇ 看电视时会不断切换频道。

◇ 上新的辅导班一般只能坚持 1~2 个月。

◇ 看童话书时还没读完一本又会拿起另一本。

◇ 房间里扔着很多没读完的书和只玩过一两次的玩具。

◇ 想买新东西或想做什么事情时会哭闹。

◇ 一天会有 2~3 次感情上的起伏。

◇ 会自己立计划，但执行不会超过 3 天。

◇ 不能自己准备物品，总是想让妈妈来帮忙。

看结果

打勾的项目 3 个以下是正常；4~5 个不是单纯的不喜欢，需要找出原因解决；6 个以上会影响正常的学习和生活，有必要找专家沟通。

❋ 小·提示 ❋

减少孩子压力的方法

※ 不重复对孩子使用"一定"、"必须"、"绝对"等词汇。

※ 让家里尽量安静。一整天打开电视会让人的脑部处于不稳定的状态，容易感受压力。

※ 不因小事对孩子发火。

18. 指导孩子学习时不发火的技巧

妈妈们都知道小学一年级的学习习惯会影响孩子一生，所以一开始会斗志昂扬地陪孩子坐在桌子前学习。不过通常没过 5 分钟妈妈就会忍不住大声斥责孩子这里做得不对，那里做得不好。对其他孩子很宽容的妈妈，为什么面对自己的孩子时就变得这么急躁呢？为什么一教自己的孩子就容易发火呢？

人们对自己孩子的期望都是特别高的。对孩子有着很高的期待而孩子无法满足时，妈妈难免会心痛。孩子学习不好，那感觉就像是自己的能力不足，让妈妈发火的是"比我的孩子成绩更好的孩子们"，以及"那些孩子能做得很好，为什么我的孩子就不行"这类攀比心理。妈妈会想"我的孩子哪点不如那孩子"，无法理解为什么自己孩子的成绩会比他差，一看到孩子自然就会郁闷和生气。

正在气头上时

读两遍题目

看到孩子答错了明明应该答对的题目时，妈妈会很生气。这时妈妈要缓慢地读两遍题目，找出孩子答错的原因。是失误了还是因为那个题目本身比较难孩子没看明白，抑或孩子不会解题？肯定是有理由的。

暂时离开房间

当觉得很烦闷，心跳加速，思绪都拧成一团时，应该暂时离开孩子的房间。出来喝杯茶看一会儿电视，转换思绪后再面对孩子，就能防止说出一些可能伤害孩子自尊心的话。

让孩子说出做错的理由

妈妈不要有"因为上次答对了类似的题，所以这次也要答对"这种想法。虽然题目类似，但孩子的判断有可能会不同。在孩子说出"我以为是这样，看来做错了"、"没看完题目就做了"等理由后，妈妈要和孩子一同寻找解决方法。

妈妈发火的不良影响

孩子不会提问

惧怕妈妈大声训斥的孩子，有疑问时也不会自信地提出来，所以会发生老错在同一个题目上的恶性循环。

失去自信心

妈妈发火会让孩子紧张，因为他们会自责，平时很温柔的妈妈对自

己如此生气是因为他有很多问题。小学时孩子失去自信心，影响可能会持续一生，发火的妈妈对孩子会产生非常负面的影响。

因为反叛心理，更不愿学习

看到妈妈不听自己的辨解，老是发火，孩子会产生逆反心理，这可能会导致孩子故意答错和故意不认真学习的叛逆行为。

❋ 小·提示 ❋

指导对学习不感兴趣的孩子要领

※ 父母不能过于在乎成绩。比如看到听写考试的卷子时，不应该与他人比分数，而是要和孩子一起找错题和答错的原因，表现出你对孩子的听写科目很感兴趣。

※ 拿到新的教科书后要与孩子一起大致看一遍，看着图片告诉孩子可能会学到哪些。利用假期和孩子去旅行，预先体验学习下学期会学到的内容，也是很好的办法。

※ 仔细准备课堂准备物品。课堂的准备物品是学习的一种延伸，若准备不好，可能会影响课堂效果，也会降低孩子学习的兴趣。

※ 若孩子长时间无法适应学校、无法跟上学习进度时，应与老师充分沟通，帮孩子制订符合他自身水准的学习计划，有必要时可以寻求老师和专家的帮助。

19. 要不要惩罚孩子

让孩子一个人思考

刚入学的孩子经常被妈妈训斥，忘带东西啦，和朋友争吵啦，在团体活动中大声喧哗啦，没做本应完成的事啦。当出现这些行为时妈妈若放任不管，孩子会养成不好的习惯，以后再想改就很困难了。

对于刚入学的孩子来说，最重要的是适应团体生活，养成良好的生活习惯。当孩子在这些方面做得不好时，妈妈要表明自己的否定态度。一开始可以安静地告诉孩子什么地方做错了，如果他还是不听话，可以在指定时间内让他一个人待一待，反省自己的错误，告诉孩子："你坐在这里想10分钟，想想做错了什么。10分钟后要还是想不明白，就再想。"让他一个人待在一个地方时，不要选阴暗恐怖的地方，最好是没什么东西可玩的场所。孩子反省期间，对于孩子的无关行为要一律不予回应。

不得已进行惩罚时要注意

不得已惩罚孩子时，一定要先问孩子知不知道为什么会被惩罚。当孩子说出自己的错误并接受惩罚时，教育效果会更好。要明白孩子的行动不是因为惩罚而改变，而是因惩罚前后的过程而改变。惩罚孩子时，妈妈容易受感情左右，这是非常不好的惩罚状态。妈妈自己不能控制情绪的话，还不如不罚孩子。因为这种情况下孩子会觉得被惩罚不是因为自己做错了，而是因为妈妈在拿人出气。

孩子受罚后的表现也非常重要。惩罚孩子后要关注孩子的状态，注意孩子有什么反应，还要告诉孩子妈妈会一如既往地爱他。如果孩子因惩罚心灵受到了创伤，父母要及时给予关怀和爱抚，以避免留下后遗症。最差的惩罚方式是打了孩子一顿后向孩子道歉，这就像是承认，打孩子只是因为自己要出一口气而不是因为孩子做错了，应该过一段时间心情平静后再找解开孩子心结的方法。

❋ 小·提示 ❋

惩罚时若有别人在场

在别人面前打孩子会伤孩子的自尊，而且孩子会怀疑妈妈是不是讨厌自己。就算孩子在公共场所吵闹，妈妈也不应该大声训斥。要看着孩子的眼睛，明确地告诉他这是错误的。

20. 如何成为称职的在职妈妈

很多在职妈妈会对孩子有内疚感。因为担心没有妈妈照顾，孩子会不会有什么问题。也因为这种不安感，常常会考虑要不要辞职在家专心带孩子。

寻找最适合帮你带孩子的人

适合帮你带孩子的人选有奶奶或姥姥及其他亲戚。不过如果老人岁数很大、活动受限或话语很少，无法给孩子足够的外界刺激，也不能算是合适的人选。如果没有可以放心托付孩子的亲戚，可以考虑请保姆，通过面试你可以判断应聘者是不是一个喜欢孩子、可以细心照顾孩子的合适人选。

每天投资30分钟成为最好的妈妈

在职妈妈们共同的苦恼就是和孩子待在一起的时间太短了。不过就算是全职妈妈，一天中只为孩子而忙活的时间并非我们想象的那么多。从这个角度来说，在职妈妈也不算特别吃亏。和孩子待在一起的时间重要的是质而不是量，就算再忙，一天也要争取抽出 30 分钟完全留给孩子。在这 30 分钟内要和孩子进行真诚的沟通，对于孩子的行动和感情给予细心的关怀。可以和孩子躺在一起随便说说话，一起看看书，用心了解孩子目前对哪些事物感兴趣，找机会与孩子一同参与。平时与孩子保持同样的生活节奏也是非常重要的，和孩子早上一起吃饭晚上一同入睡都能给孩子带来安定感。

作为在职妈妈，要合理定位

对孩子有内疚感，很有可能造成妈妈对孩子的过度保护，会让妈妈错失一些理应训斥改正孩子错误的机会。过度保护会弱化孩子的能力，削弱孩子的自信心，让他成为凡事都要依赖他人的懦弱的孩子。如果不能以一贯的原则来教孩子，是教不出健康和受人喜欢的孩子的。

在职妈妈的"女强人"特质也容易给孩子不好的影响。为同时成为完美的员工、主妇、妻子、妈妈而努力时，面对孩子也有可能会比较苛刻。如果真想兼顾事业和家庭，就需要了解自己的极限。抛弃凡事都要亲历亲为的做法，适时向他人特别是丈夫寻求帮助，分担育儿和家务负担。

❁ 小·提示 ❁

给在职妈妈的10条育儿建议

※ 下班后抱孩子10分钟。

※ 多找机会和孩子沟通。

※ 节假日要与家人一起过。

※ 让丈夫也参与家务。

※ 让孩子明白妈妈是为家庭而工作的。

※ 成为有趣的妈妈。

※ 了解孩子的同学关系。

※ 积极参与学校活动。

※ 经常给家里打电话，稳定孩子的情绪。

※ 要了解孩子的心思。当孩子感到不安时，妈妈要努力了解孩子的生活状态和心理状态。

21. 如何利用学习网站辅助孩子学习

利用互联网学习的要领

互联网学习不需要老师。孩子可以自己掌握进度，但需要妈妈的持续关注。给孩子定下每天的上网时间，让孩子逐步熟悉学习网站，要持续关注学习进度和成绩。如果是有责任老师的网站，可以用电话或邮件与老师保持联系。对小学一年级孩子来说，每天学一两个小时是比较适合的。想要一小时内完成网站学习，就应该确定合理的学习原则。

互联网专家金淑熙女士的建议

不太可能深入学习，可以积极利用题库

很难通过网络进行思考性学习。主要还应让孩子以教科书为主学习，在网上可以找检查知识水平的题库来答，这是比较有效的。

忌抄写答案，要自己动脑

做作业或解题时若在网上搜索答案直接抄写，是毫无益处的。可以引导孩子参考网上的信息，最终写出自己思考的结果。

找出薄弱环节，在网上进行针对性练习

如果孩子对字母学习比较厌烦，妈妈可以在网上找一些有趣的动画让孩子快乐地学习，也可以找以有趣的方式讲解难点的网站来学习。

一定要制订网上学习时间表

要计划好每天使用 30 分钟还是 1 个小时，妈妈和孩子讨论并定下可供参考的网站目录，还要确定什么时候看，事后还可以交流是否有不懂的部分等。

22. 如何指导孩子养成写日记的好习惯

父母都希望孩子能写好日记，但如果没有预先好好指导孩子就期待孩子能写好，就有些过分了。一开始就能写好日记的孩子很少，但如果教导有方他们都能写好。

很多父母指导日记时都只告诉孩子要"写"，而没有告诉孩子"如何写"，没有教具体的要领。写日记是写文章的一种，什么是文章呢？就是通过文字表达自己的生活和思想，把脑中的想法用文字表述出来是需要一定的过程的。

成功写日记的4个阶段

第一阶段 寻找好的素材

一年级的孩子通常觉得写日记最困难的就是寻找素材。因为每天都在重复相似的生活，所以会觉得没什么可写的内容。从另一方面来看，每天写内容重复的日记也是无意义的。父母要成为孩子寻找素材的帮手，

第二阶段 描述印象

日记要记录一天生活中印象最为深刻的事情，让孩子试着从一天发生的事情中选择一件来写，写这件事留给他的印象。写日记时要描述发生的事情也要发表自己的感悟。

第三阶段 多样表达

小学低年级学生的日记大多是图片日记。不过就算是图片日记也应该把重点放在文字上，文与图的内容要保持一致。如果孩子不喜欢画画，可以用照片或折纸代替。如果不写图片日记，可以写一件印象深刻的事情，但要详细描述。如果不喜欢生活散文，可以用诗歌或读后感代替。

第四阶段 改写

改写是完成好的文章或端正写作态度的重要环节。是否和主题相符，写得是否流畅？描述是否详细？写作顺序是否合理？文章段落是否清晰？字有没有写错？让孩子养成检查以上内容并修改的习惯。

从一句话日记开始

天气

日记必不可少的一部分，不过大多数人都会写晴天、阴、有雨，比较简单。其实就算是晴天，夏天的晴天和冬天的晴天也是大不相同的，而且天气很多时候是易变的，所以写天气时尽可能地写成一句话。"天气晴而且很热"、"因为太热流了很多汗"、"雨下了一阵又停了"等都是比较好的表达方式。

写日记的时间

日记一般是总结一天发生的事情，通常会到晚上来写。不过这种习惯对于孩子来说可能会成为一个负担，有些妈妈甚至会叫入睡的孩子起床写日记。因为有了困意，孩子便无法抱着轻松的心态慢慢写作，所以最好不要固定在晚上让孩子写日记。写日记的最好时期是在经历某些事情后的下一刻，但如果比较困难可以调到傍晚，要注意不要拖到太晚。

日记内容

如果孩子不喜欢写日记，可以从写一句话日记开始。"我今天去了商场"，这一句话也可以成为好的日记。想想妈妈们的小时候吧，并不见得就比现在的孩子写得好，要记住没有一个个句子便没有文章。

日记指导（"×"表示错，"√"表示对）

日记一定要在睡觉前写 ×

在睡觉前写日记是值得商榷的。在晚饭前，或在下午某个悠闲的时间来写更为合适。

在日记中写了秘密时要装作不知情 √

看到孩子写了做错的事或秘密时一定不能讲出来，不能干涉日记里的内容。就算读过，妈妈也要装作不知情，不然日记会变成为了被查看而写的。

错别字或错误的句子要立即改正 ×

日记是没有固定的内容和形式的自由写作方式。不管孩子写得好坏，妈妈都要给予不断的赞扬和鼓励，让孩子坚持写下去。有很多错别字或写错的句子也不要一一指正。因怕写错，孩子可能会不敢写出心里的想法。

如果孩子累了，就读日记让他写 ✕

有些父母比较心急时会读日记让孩子听着写，这个办法是无法提高孩子的写作能力的，孩子只会机械地重复相同的动作。

小学一年级日记实例

日记1 蝴蝶（王智惠）

我昨天去操场画画了，朋友们也画得很好。我画了迎春花，有很多蝴蝶在飞，也有很多人。

评析：很多刚开始写日记的孩子们的共同点是罗列很多事情。他们视野不够开阔，而且一般只写看到的事物，却没有自己的想法。不过这是刚开始写作的小孩的普遍问题，不用担心。

日记2 云彩（郑振冠）

我坐爸爸的车去了海边，吃了鱼、大虾、螃蟹，午饭、晚饭都是在海边吃的。

评析：这个文章哪儿都没有和云彩相关的东西。小作者一开始是想写云彩，写着写着就跑到吃上去了，最后就写了在海边吃饭的故事。可以提醒孩子题目和内容要匹配，问问对于这个内容有没有更好的题目。

日记3 弟弟和我（申正勋）

我有过伤心的日子。为什么伤心？因为妈妈打了伊恩，我很伤心。

伊恩打了我，我向妈妈告了状，妈妈打了伊恩一顿，我很伤心。妈妈打我时，伊恩都没管。

评析：一般我们写作时会写自己经历的事情和因这件事情获得的感想，不过一年级的孩子通常只说自己想说的话。《弟弟和我》的作者正勋看到弟弟被打，想写自己"伤心"的心情，所以以"我有过伤心的日子"来做开头。

❀ 小·提示 ❀

寻找日记素材的方法

※ **谈话** 让孩子讲述一天中发生的所有事情，从其中选择一件来写。

※ **头脑风暴** 回顾自己的一天，说出任何想到的事情并写下来。

※ **画出来** 画出印象深刻的情景。

※ **画关联地图** 在中心画上印象最为深刻的事情，并在周围填上其他记得起来的事情，关联的事情可以用线连起来。

23. 有效提高孩子听写能力的方法

　　"在小学，正确的拼写不那么重要，能进行多大程度的自我表达才是更为重要的，听写能力强的小孩表达能力不一定强。"教小学一年级的李佑贞老师说。现在一年级语文的学习目的不像以前那样仅仅是提高听写能力，入学之后会进行听写，而听写内容不仅包括教科书上的知识，也包含网上等其他来源的资料，考试的目的仅仅是检查是否认真完成了作业。需要注意的是，妈妈不能因为孩子考试成绩差而给他施加太多压力。过多的指责可能会让孩子退缩，不敢表达自己的想法。李佑贞老师建议，妈妈们不要过多地关注分数，而是把重点放在孩子熟悉表达的方式上，可以多让孩子通过写信、写日记等方式来慢慢提高。家长耐心等待孩子的进步，是非常重要的。

✿ 小·提示 ✿

听写

很多妈妈都觉得孩子上学之后听写部分一定要很完美，但哪怕到了我们这个年纪，有时候听写也还是会出问题。小学的听写练习直到六年级才能达到比较完善的状态，所以不要对孩子有过多要求。需要练习时可以让孩子抄写童话，这时的童话书要选字大图多的，让孩子比较轻松地逐步掌握。

24. 如何正确引导孩子爬上英语的阶梯

刚入学时因为生活习惯的改变，不仅是学生，家长也会有些不适应。而且这个时期妈妈对学习的关注度很高，有很强烈的不能落后于人的意识，之前没有接触过英语的孩子和妈妈会比较焦急和有压力。这时如果只顾和其他小孩比较反而容易让孩子原地踏步，要注意正确引导孩子，让他一步步爬上"语言的阶梯"。

听：感受英语的节奏

想学好英语首先得"竖起"你的耳朵，教英语时也应该先进行听力训练。英语既有与我们母语类似的发音体系，又有不同之处，所以光靠读很难很好地把握其内容。而且除了某些读音不同之外，英语的整体语调与我们的母语也完全不同。和每个音节都要清楚发音不同，英语只在重要的部分加重，其他部分的发音不是特别清晰，这也是我们觉得读英语比较难的原因。首先要熟悉英语特有的节奏，整体上接受英语，而不是忙着背单词。

到了小学一年级，因为环境的变化，很多孩子会有些紧张。英语也是让他们备感压力的原因之一。不要让孩子觉得自己落后于其他人，要有自信，从听力开始，再向读写挑战。

❀ 小·提示 ❀

听力应这么练

※ **用英语儿歌、童谣等来熟悉英语**　刚开始学英语时，与其直接背字母表，不如先学一些英文儿歌或童谣来熟悉发音。练习听力的儿童用书中也有一些用图片描述的容易理解的内容，反复听这些简单的内容可以让孩子很快熟悉英语。

※ **利用儿童网站**　有些儿童网站有不少适合儿童学习的英语内容，妈妈通过搜索　儿童英语　这一途径寻找相关方面的资料，让孩子多多接触。

※ **平时多给孩子看一些有意思的英语动画**　看一些比较有意思的英语短片来培养英语听力能力。通过看一些儿童频道的英语节目，让孩子很自然地接触英语，熟悉英语。

说：多提供一些说英语的机会

通过听力练习熟悉英语之后要进行说的练习，即使经过一段时间的听力训练，对于孩子来说开口讲英语也不是件简单的事。做家长的不用

着急，用心地给孩子提供多开口说话的机会。在一线教孩子的专家也说，能力很突出的孩子也会有说出不来的情况，所以不用担心，努力给孩子提供开口说话的机会就可以了。

✤ **Tip** ✤

口语应这么练

　　※ **平时多制造开口说话的机会**　鼓励孩子说英文其实挺简单的，最好的办法是在家里与家人一起对话，进行一些简单的英语会话，让孩子交一些能用英语对话的朋友也是个有效的办法。

　　※ **参加英语体验活动**　看英语话剧或参加各种英语体验活动，能很自然地激发英语对话的欲望。

　　※ **向双语老师学习**　可以去参加英语会话为主的辅导班。小学一年级学英语时没必要一定要找来自美国本土的英语老师，可以找能同时说双语的本土老师，减少孩子的压力能让其更有效地学习。

读：单词训练

　　与幼儿期不同，步入小学之后小孩的学习速度会很快，熟练到一定程度后即可进行读的练习。这时要培养孩子识别不同字母的发音的能力，在这一过程中与其直接教不同的读法规则等，不如直接教单词。

读应这么练

※ **读单词背单词** 先让孩子背那些文章中经常出现的单词，背各年级的推荐单词也能读50%以上的文章。

※ **认识音素** 孩子对读有了一定的信心之后，可以让他自然地认识并熟悉英语的最小单位音素。寻找有特定发音或有特定规则的词，教孩子一些基本的英语读音规则。

※ **多看英语相关书籍** 比起教读法规则，更好的方法是多推荐一些英语相关书籍。如果孩子无法单独读下去，妈妈可以试着先读给孩子听，再用录音机放给孩子听，让孩子了解正确的读法。

写：从抄写单词或文章开始

一开始让孩子准确抄写字母表，之后逐步抄写简单的文章，到了一定程度后就可以尝试写作文了。

英语教育上妈妈们遇到的疑难点

孩子上小学后很多妈妈选择外教（母语为英语的），找美国人当老师效果会更好吗？

其实找外教学英语，未必能学到和他们一样的发音，相反会因为沟通障碍而影响孩子的学习士气，所以还不如妈妈反复地领读或带孩子听

英语录音有效。辅导班也应该选择能双语教学的。

> ❋ 小·提示 ❋
>
> ### 写应这么练
>
> ※ **区分大小写** 熟悉字母表后就应该练习写了。首先让孩子区分大小写，妈妈正确书写后，再告诉孩子顺序和写法。
>
> ※ **利用电脑键盘** 自己按字母键盘的过程中，可能会对字母感兴趣。按一个个键输入自己想要的单词，也可以给他树立自信心。
>
> ※ **写英语日记** 书写能力到了一定水平之后要让孩子逐步开始自己写作，写母语日记时同时完成英语日记可以快速提高作文能力。

25. 怎样当好孩子的绘画指导

小学一年级是孩子们最喜欢画画的阶段，那么应该怎样指导小孩？有没有什么好办法呢？

小学一年级美术教育的Q&A

Q:学几个月就能画得好吗

画画不是一两天就能学会的，和所有的特长一样，起码需要三年以上的持续指导。这个年龄段的孩子尚无法用语言正确地表达自己，更何况是用图画呢？

Q:画得像不就可以了吗

为了画得好，需要孩子想清楚要表达的内容，这时表达的想法主要源于经验。需要以多样和丰富的经验为基础，结合想象中的图像来展现，而且要选择适合的材料，能熟练地驾驭这些材料。

Q:美术才能是天赋吧

美术和弹钢琴一样也是需要长期训练的，不怕艰辛刻苦练习是所有

教育的基本要求。要结合孩子的水平，反复指导才能让你的孩子画好。

Q：老画一些怪异的画，很让人担心

对孩子奇妙的想法要给予赞美和认可。父母认可孩子的想法并给予关注时，孩子会更加兴奋更有自信心。对于孩子的作品，多问"这是什么"、"为什么这么画"等，让孩子自己来讲解。

> ❋ **小·提示**
>
> 小学美术教育评价变成这样了
>
> 小学的美术教育评价中，除了海报和细节描绘，画得是不是真实并不那么重要。飞向月球的画会比一只坐在草地上吃草的牛获得更高的分数。美术教育的最主要目标是培养孩子的想象力，把自己的想法通过画面来表达，以此发展情感和创造力，这才是关键所在。

有效的画画技巧

使用简便的画画工具

画画不一定要使用彩笔或颜料。只要能画画，什么都可以用。对于不大的画纸来说，使用铅笔、签字笔或钢笔等简便工具也是可以的。这些工具使用方便，也可以画出比较细腻的线条来，对于孩子左脑和小脑的发育有一定帮助。

画得越大越好

不要让孩子把画画得太小，要尽量画满整个纸面，仔细地画好每个事物。这不仅能提高画画水平，也有助于孩子大脑的视觉区域发育。

奇思妙想展现创造力

传统观念是创造力的敌人。传统观念有助于快速做出判断，但却是创造新事物的阻碍。奇思妙想可以激活大脑中很少使用的部分，进而提升创造力，画画时要尽量鼓励孩子想出别人没有想到的有趣的想法。

进行绘画练习

图画大致可以分为绘画型和图案型两种。绘画型可以让孩子按自己的感情自然随意地描绘并上色。图案型像漫画那样，省略变形，画得比较简单干净，后者可以让孩子在小学高年级学。之前，哪怕是画得比较潦草，为了孩子的大脑开发，也要多进行绘画型练习。

❋ **小·提示** ❋

美术指导要领

小学一年级的美术教育是把通过文字学到的内容以图画来表现，所以这个时期的指导核心是让孩子充分展示自己的表现力。父母给孩子提供画画的环境，培养孩子自由表达的能力是最为重要的。让孩子去美术学校或掌握复杂的美术技巧等不需要在小学一年级做，在生活中有意识地让孩子从自己的角度来描绘周围的事物，在家里鼓励孩子用不同的材料和方式自由表达才是对孩子最有帮助的。

26. 孩子学乐器应该从什么入手

现在的家长大都比较注重对孩子音乐细胞的培养，有条件的情况下，会让孩子至少学习一种乐器。但必须提醒的是，家长不能随便找个乐器让孩子去学，最适合在小学一年级学习的乐器是可以熟悉音阶的钢琴。

学钢琴

从什么时候开始

学钢琴的合适年龄是 7~8 岁，很多父母在孩子上小学后送孩子去钢琴辅导班就是因为这个。过早学习钢琴有不少副作用，会让孩子的手型、手指形状无法正常形成，有时孩子也会使用不正确的击键方式。

钢琴并不是简单的乐器，但通过学习它可以很好地认知乐谱并了解一定的理论知识，也能学会钢琴发音的基本原理，对小孩的发展非常有益。

选择教师

选择老师非常重要，很多孩子半途而废其实是因为选错了老师。有

热情能满足孩子求知欲的老师才是好老师，而让孩子反复弹一首曲子多少多少遍，说是矫正姿势而长时间不让孩子动，这类老师要慎重考虑了。关键不在于授课时间长短，而在于授课质量。

关于钢琴教育的疑问

韩国钢琴教授方法研究所所长宋智慧为你解疑。

Q：怎么教那些厌倦了钢琴的小孩

不管是钢琴还是其他乐器，首先小孩得喜欢。如果孩子厌倦了或不愿去学，可以带他去听音乐会，让他感受音乐的美好，他的态度可能会有所变化，让孩子弹奏自己喜欢的歌曲或漫画的主题曲也能增加他们对钢琴的兴趣。

Q：参加钢琴大赛是好的选择吗

参加钢琴大赛是激发孩子学习欲望的有效方式，关键是参加完比赛之后做好孩子的情绪工作。若在比赛中发挥不佳，很多孩子会觉得自己并没有钢琴天赋，不愿继续练。这时妈妈和教师都要告诉孩子，以后参加比赛的机会还有很多，偶尔发挥不好是学钢琴中很好的经验，要保持对钢琴的热情。

27. 为什么一年级时应多学几种乐器

　　小学低年级时最好让孩子学习那些要看着乐谱演奏的乐器，因为这可以让孩子理解音阶体系，培养孩子的数理能力。管乐器需要调节呼吸比较难上手，但一旦产生兴趣往往会让人沉迷于它的魅力。在孩子打好音乐基础之后，可以让他再选修竖笛等。不过之前若不通过钢琴打好音乐基础，学其他乐器会比较费劲，而且学其他乐器需要耗费很多的时间。选择好乐器之后，要从简单的练起，直到没有乐谱也能自由演奏。

选择乐器的注意事项

　　首先要确认是否是安全的产品，棱角是否过于锋利，有没有毒等。选择适合孩子水平的乐器也很重要，年级小就选择打击乐器，从低年级到小学高年级，可以依次选择键盘乐器——弦乐器——管乐器。

28. 给离异家庭妈妈的14条建议

离异家庭的孩子由于经历了家庭破裂的全过程，父母的行为可能使他们对社会的认识产生偏差，孩子的内心也会变得异常敏感，甚至有压抑、焦虑的情绪，对周围的人和事产生怀疑。此时，父母的关爱无异于黑暗中的一盏明灯，让孩子看到光明，在冰冷的世界里感到温暖，觉得自己没有被抛弃、被遗忘。感到仍有人在关心他，心灵的创痛就会减轻许多。以下是专家就离异家庭如何处理和孩子的关系给出的14条建议。

（1）诚实地告诉孩子发生的事情，哪怕孩子很小，也要根据他们的理解能力一点一点透露给他们。

（2）态度要客观中立，给孩子讲述时不能带感情色彩或恶意中伤对方。

（3）不要在子女面前指责前夫。

（4）要协助子女与前配偶保持良好的关系。

（5）不要强迫孩子选择"与妈妈一起生活，还是与爸爸一起生活"。

（6）要尽量减少因离婚而引起的日常生活的变化。

（7）要明确地告诉子女"不是因为你而离婚"。

（8）不要让子女产生父母能再结合的假想。

（9）不要通过子女来给原配偶传话。

（10）让孩子远离大人间的争吵。

（11）要让孩子确信你是爱他的。

（12）多与子女对话，仔细留意孩子的感情。

（13）不要因为孩子做错事而大声责骂，因为若没有离婚，孩子也许能做得更好。

（14）有必要时可以向朋友、家人、专业咨询师寻求帮助。

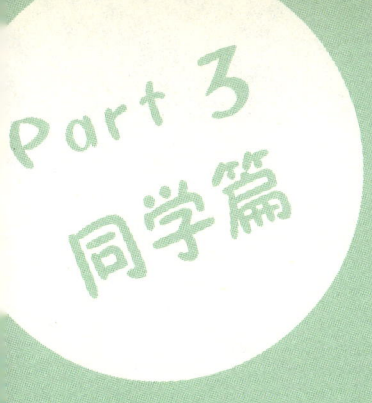

Part 3
同学篇

成为乐于与朋友分享的孩子

和谐共处的
同学关系

Mom & Kids · 指导方法

29. 一年级孩子发生最多的同学矛盾

看到孩子一个人孤独地走出校门，妈妈会非常伤心。如果孩子没有朋友，我们该怎么办呢？

没有好朋友

"为了了解孩子的学习情况，我去了趟学校，结果发现只有我们孩子一个人玩。我让他找其他朋友玩，并问谁是他的好朋友，结果孩子摇了摇头。我知道孩子比较认生，但没想到居然一个朋友都没有。"李婷媛女士为此非常担心入学 3 个月却没有一个好朋友的儿子英石。

看到入学的孩子交不到朋友，感到孤独，父母只能干着急。因为父母不能代替朋友的角色，也无法给他介绍。不过专家们却说孩子在小学一年级的时候没有好朋友并不是一个大问题，因为这个时期孩子可能会和很多孩子玩，就算有特别喜欢的朋友，那个孩子也并不一定喜欢他。

　　小儿神经科孙世韩院长说："想交一个特别要好的朋友需要一定的社交技巧，到小学三四年级才有可能。而且一年级的时候就算有好朋友，两人情感深度也会随着环境随时变化，所以妈妈不用过于担心。"

　　因此，父母不用担心孩子交不到好朋友，而应该鼓励和帮助孩子与班级的多数孩子友好相处，不应该责问"你为什么没有要好的朋友"，可以询问孩子在朋友中谁更好谁更有趣，对于孩子喜欢的朋友多加了解，给予更多彼此接触的机会。比如可以邀请那个朋友到家里吃饭，或和那个孩子的家人一同出游等。

只听朋友的话，没有主见

　　"因为孩子性格比较懦弱，总是追随朋友的意见，有时候会因此做自己不喜欢的事情。我想让孩子在朋友中更有主见，应该怎么做呢？"不少妈妈会提出这样的问题。

　　有些孩子天生不太能坚持自己的主张，喜欢听从他人的建议追随他们。可能是他们没觉得有坚持自己主张的必要，或者是性格上比较被动。这种情况下，父母不应伤心，而应该接受他们的性格特质。

　　平时在家里要营造轻松的氛围，让孩子可以自由发表自己的想法和主张，并且尊重孩子的意见。在家里若长期养成父母说孩子听的习惯，到外面和朋友交流时孩子也会习惯性地听别人的意见。千万不能责怪孩子软弱的个性。对于尊重朋友的意见，努力倾听的姿态，我们要给予好评，这样才能让孩子对于自身的尊重持续下去。之后要告诉他适当的时候发表自己主张的必要性，并在家里练习。这时父母要注意，不要想完

全改变孩子的性格。正确的做法是认可孩子目前的性格，给予肯定，只改一些不好的部分。

妈妈不太满意孩子交的朋友

"进入小学交了朋友之后孩子回家的时间变得很晚，也不常去辅导班，只想去外面玩，而且交了朋友之后好像学了不少脏话。之前问过孩子好像和一个朋友玩得特别好，我真担心他被其他小孩儿带坏了。"尹婷喜女士正为孩子的交友问题而担忧。孩子交一个好的朋友是所有妈妈共同的愿望，妈妈都希望自己的孩子可以和各方面都很优秀的孩子成为朋友。而孩子有自己的想法，会和他们自己喜欢的人玩，所以就常常有妈妈不喜欢孩子交的朋友的现象。这时应该怎么办呢？

孩子和不同类型的孩子交友是没有问题的。孩子见到新的朋友才能拓宽视野，学习新思想，更懂得与人交往。问题的关键是要区分那个朋友的价值观和生活方式是否真的有严重的问题，抑或是父母先入为主地判断他是问题学生。

如果真的很担心孩子的交友问题，可以先多方了解孩子的朋友。问孩子关于那个人的事情，为什么喜欢那个朋友等等。也可以询问老师，还可以邀请那个朋友到家里玩，亲自看一眼，确认对于孩子交友的担心是不是多余的。

经过这些环节之后，若还是不放心，就多让孩子做其他喜欢的事情，如加入足球队或学美术。加入新的项目和圈子，会让孩子有机会结交新朋友。

告诉孩子遇到他不喜欢的状况时随时可以向父母求助，让父母去接他。有些家人会拟定一些只有孩子和父母听得懂的暗号，想要回家而不想告诉朋友时，可以向父母发出暗号，让父母接他回家。

孩子和问题学生交往时，妈妈要竖起"天线"，给予孩子更多的关注，仔细感知孩子行为上的变化。

高手妈妈的成功经验

学会分享后，同学关系开始变好（慧彬妈妈申贞喜女士）

我家孩子比较贪心，不懂得与他人分享。同桌忘带蜡笔时想跟她一起用，她却直接拒绝了。可能做了不少类似事情，所以也交不到什么朋友。因此我努力教她如何与他人分享，帮她的同桌准备一些零食，也让她带朋友回家玩。在家里也努力让她明白，要懂得站在他人的立场上看待问题。

30. 如何应对喜欢欺负别人的孩子

"孩子有一个男同学，好像会以欺负她的方式来表达自己的关心。有一次那个男孩叫她'猪'，她为此一周都不吃饭呢。"

进入小学后要教孩子以正确的方式来表达自己的想法。表达能力相对较差的孩子常常以叫外号的方式来表现自己的关心，因为那么做可以获得别人的关注。首先要告诉孩子，有人这么做不是因为讨厌而恰恰是因为喜欢你，还要告诉她向别人表达自己的好感时，选择嘲笑对方的方式是不对的。

朋友以欺负人的方式表达好感时

让彼此了解这其实是表达好感的方式

告诉孩子同学间表达好感时不用拐弯抹角，可以诚实地告诉对方。这种倾向在男孩身上会更加明显。

让那个朋友注意言行

如果孩子因受到同学的嘲笑而超过一周不吃饭，说明这个对孩子的影响还是比较大，不能简单地认为是小事情，必要时要找那个男孩告诉他"以后不准再说那种话"。

告诉老师或父母

这种欺负继续下去的话，就很难解释为好感了。若这种情况持续，可以让孩子对那个男孩说"你再这样，就让老师找你妈妈了"。

自家孩子欺负其他小孩时

了解具体原因

如果发现孩子欺负其他小孩，要尽快了解具体原因。是因为喜欢，还是讨厌，是不是有什么不满等。如果他是因为喜欢才那么做，告诉他，"要用友善的方式来表达你的好感，你再欺负她的话她就讨厌你了。"还没弄清原因就教训孩子是不太可取的。

帮助孩子消耗能量

如果孩子本身比较好动喜欢与人互动，并因此经常欺负其他小孩，就应该帮助他多参加一些体育运动来消耗能量。游泳、骑自行车、登山等都是能耗大的运动项目，也能培养孩子的耐心。

多赞美小孩，哪怕是小事

如果是因为孩子内心有很多不满而做出叛逆的行为，就应该多赞美他，让他有自豪感。"你自己整理鞋子了，真是乖啊"、"看到你和朋友们友好相处，妈妈真是高兴啊"等，多给他一些肯定，表达你的爱意和关怀。重要的是要让孩子明白自己的所作所为是不对的。

❦ 小·提示 ❦

与朋友友好相处的基本姿态

※ 真诚待人。

※ 要站在对方的立场上给予理解和支持。

※ 谈话时看着对方的眼睛，并用"对"、"没错"等词给予响应。

31. 孩子没收到生日邀请时妈妈该怎么做

"孩子因为没收到朋友生日派对的邀请哭了。对于现在的孩子们来说，生日派对邀请有那么大的意义吗？这时候妈妈又该怎么做呢？"

对于孩子们来说，生日派对邀请的确有相当大的意义，收到生日派对邀请的小孩会觉得自己受到了朋友的认可而感到自豪和兴奋。因为还处于小学低年级，所以没收到邀请并不等于在朋友圈里落单。不过对于高年级的学生来说，没收到邀请的确是一个危险的信号，妈妈要给予特别的重视。就算不是落单，孩子自己也会这么认为，因而备感失落。

因此孩子没收到朋友的生日派对邀请，妈妈也会感到不安。妈妈想问那个朋友为什么没有邀请自己的孩子，但稍不谨慎反而会让朋友关系恶化，所以要三思而行。

没收到邀请却参加派对也是不符合礼仪的行为。可以先放下，过一段时间后在不经意间询问对方父母。或者完全不提这一茬，不用节外生枝搞僵家长间的关系。两个小孩玩得来的话，明年的生日派对肯定会邀

请你的孩子的。

　　小孩没收到邀请而消沉时，不应该放任不管，要安排一些好玩的游戏让他开心起来，也让他多和其他朋友玩。和别的朋友或父母玩得高兴，孩子也就不再惦记那个派对邀请了。

> ✿ 小·提示 ✿
>
> #### 小·学一年级时的生日派对邀请可以这么做
>
> 　　小学生的生日派对之所以这么受欢迎，是因为它给小朋友们提供了一个尽情玩耍的时间和空间。因为学习的压力，只有生日派对会给他们充分地与朋友沟通的机会。小学一年级时多邀请同伴同学，只邀请几个朋友可能会让孩子成为落单对象，如果可以负担的话，最好邀请全班同学。

32. 让害羞的孩子"变身"的方法

孩子容易害羞也会让妈妈郁闷不已。在学校里那些活泼和勇敢的孩子比较受欢迎，害羞的孩子老躲在后面还容易落单。那么怎样培养孩子的自信心呢？

"我们孩子喜欢跑步、跳远、爬山。因为孩子想踢球，我们就帮他选了一个很好的足球俱乐部。不过第一天出发时孩子就变得很安静了，快到训练场时孩子都快哭出来了。他待在车里不想下去，而且一听到训练场里传来的洪亮的声音就躲到后面说不去了。"

去辅导班或去亲戚家一见到同龄人，有些小孩就躲到大人后面去了。对于天生性格就比较内向的孩子来说，这其实是正常的。让内向而害羞的孩子变成外向型孩子的"秘诀"不是改变孩子的性格，而是在认可孩子性格的前提下帮助他应对不同情况。

了解不同类型孩子的心理

想着"我也想参加，但我不敢"的孩子

不要被表面现象蒙蔽。看起来孩子在看书，对周围的一切不感兴趣，但其实他非常想参与周围发生的各种事情。美国印第安纳东南大学研究所的理事博纳特·卡尔多其博士也说："害羞的孩子很想变得更有社交性，并因为自己内向的性格而痛苦。"

想着"这个人是谁呢"的孩子

害羞的孩子与别人混熟需要较长时间，面对陌生人他们的警惕心比较强，解除警惕和探究等会花费他们更多时间。

想着"我惧怕所有新事物"的孩子

喜欢一个人待在家里的孩子比较喜欢规律的生活，常让孩子接触新事物会让他在面对新的局面和新朋友时更加开放。

害羞孩子的父母不应该做的事

给孩子定性

把孩子定性为害羞的人，相当于允许孩子躲在自己的壳里。

成为孩子的耳朵和嘴

别人问小孩几岁时替小孩回答不是个好办法。与害羞斗争对于孩子来说是比较痛苦的事，但正因如此，更该让他自己面对。

希望孩子成为最受欢迎的孩子

孩子变得幸福并能很好地适应新环境并不需要很多的朋友，几个要好的朋友在身边就足够了，不能对孩子有过多的期望。

害羞孩子应对不同状况的要领

参加派对或活动时

美国马里兰大学的人类发展学教授凯恩·鲁宾博士建议，去人多的场合时最好比别人先行到达。因为对于害羞的人来说，一下子见到好多人内心会很胆怯，一个个见会好一些。害羞的孩子哪怕是在自己的生日派对上也会备感压力，派对规模可以安排得小一点，不要让孩子觉得所有聚焦点都在他身上。

与朋友玩耍时

对于害羞的孩子来说，一对一地跟朋友玩可能比几个人一起玩更难，因为他要不断地与这个朋友交流。给孩子介绍朋友时最好安排在家，并准备丰富的玩具。当他觉得在家与朋友玩得很舒服时，再去游乐场等场

所，之后再到朋友家去玩。去朋友家是为了让孩子感到舒服一些，可以让他带一个自己喜欢的玩具。

去辅导班时

去辅导班前可以先和孩子约定，妈妈第一节课在角落里听课，第二节课上完就可以出来，让他安心。适应陌生的环境时要与一同听课的学生成为朋友，妈妈可以多举办一些聚会，邀请同班学生及其家人参加。

去亲戚家参加家庭活动时

就算已经认识大部分参与聚会的人，对于害羞的孩子来说这仍然会成为一种恐惧。可以先看着家人合照，告诉孩子哪些人会来。去了之后可以让孩子待在身边，并找机会把孩子介绍给所有人，接待客人时可以让孩子帮忙。

与大人对话时

害羞的孩子会觉得与大人对话很难。加上巨大的身高差距，更会让孩子感到威胁，所以平时要多给他与大人接触的机会。去逛街时可以让孩子替其他人把住门，走出店铺时对收银员说一声"谢谢"，去图书馆向管理员寻求帮助等也可以提高孩子的自信心。

参加学校活动时

参加学校活动时多了解具体内容，给孩子更多的信息。如果孩子去调查旅行，可以给孩子看目的地的网站和照片，告诉他会与哪些人去，询问老师是否可以和朋友组队去也是个好办法。

33. 如何提高孩子与人交往的能力

孩子入学之后妈妈会有新的担心，主要是怕孩子适应不了新的环境。交不上朋友落单怎么办呢？适应不了陌生的学校生活怎么办呢？就算成绩差，若能和同学们打成一片，妈妈也会暂时放下心来，因为人际会成为以后适应社会发挥自己特长的基础。专家建议，想培养孩子的社会性就多让孩子自己解决困难，增强自制能力和耐力。让孩子通过与各年龄段的各种活动频繁地接触来保持一个开放的心态。

不同类型孩子的培养方法

攻击性强的孩子

孩子的攻击性一般是在有所求时才会表现出来，并不是孩子的本性使其然，不用特别担心。妈妈对于孩子的攻击行为立即给予体罚是不恰当的，受体罚的孩子在家里会有所收敛，但在外面则会变本加厉。更有效的办法是和妈妈一起做什么东西或玩游戏，可以通过游戏教他更灵活

地解决问题的方式。

内向的孩子

内向的孩子看起来很陶醉于自己的世界，但实际上多是因为交不到朋友而只能一个人玩。这种情况下要多给他一些与同龄人认识的机会，让他学会与朋友相处。一开始他可能会比较扭捏，但逐渐他会掌握在一起玩的方式。孩子无法和其他孩子玩在一起时，妈妈可以成为游戏的一员一同参与。这时妈妈应是一个平等的参与者，而不是游戏的观察者或主宰者。

没有自信心的孩子

父母过于严格时孩子会比较缺乏自信心，"要这样做"、"不能这样做"等命令式的语句会让孩子变得消沉。不要因孩子犹犹豫豫而催促，要给予他讲出心里话的机会。

没有责任心的孩子

妈妈包办所有事情的孩子，面对某些责任时也会习惯性地依赖其他人。"其他孩子说得挺好的，你也举手发言啊"、"你为什么不和朋友们一起玩呢"，像这样每件事妈妈都一一干涉时，孩子会失去自己判断和行动的积极性。最能培养理解力的方式是看书，通过了解书中登场的不同角色人物的内心世界，孩子可以理解除了"我"之外的"他人"的想法。

不花钱培养孩子社交性的6个要领

赞美孩子

"今天格外漂亮啊"、"这个衣服很适合你哦"，这样赞美孩子并让他

讲出受到赞美时的感受。

理解感情

主要目的是让孩子学会分享朋友的喜与悲。朋友得了第一名，去游乐场的计划被取消等，设定一些假想的情况，让孩子说出应怎么祝贺或怎样安慰朋友。

寻求帮助

问问孩子有哪些需要帮助的情况和寻求帮助的方式。美术课忘带准备物品需要向朋友借用或朋友老嘲笑他，设定具体状况来试演。

拒绝他人

到了回家时间但朋友说再玩一会儿，在文具店朋友说要偷一个玩具，设定上述假想状况，让孩子郑重地拒绝，坚定地说"不"，也问问理由。

抉择

给孩子几个礼物的图片，让他选择其中一种并说明原因，也问问他不选择其他礼物的理由。

诉说烦恼

利用童话故事。白雪公主和皇后为什么会有矛盾？有没有什么办法可以成为朋友？让孩子讲出自己目前经历的矛盾和苦恼，倾诉本身就会很有帮助。

胆小的孩子，怎样增强他的自信

韩国儿童发育研究所玄顺英所长说最好的方法是增强孩子的自信心。胆小的孩子无法很好地融入朋友圈，也不懂如何阐述自己的意见，

面对新环境时执行能力和学习能力都会下降。妈妈可以在家里给孩子设置一些任务，每天早晨给花浇水、吃完饭后整理椅子等简单的任务也能很好地培养孩子的自信心和责任感。孩子出色地完成任务时，妈妈要给予鼓励和赞扬。让孩子多发表自己的意见并努力倾听，让他明白自己的意见是重要的、值得尊敬和有价值的。

> **❀ 小·提示 ❀**
>
> ### 让孩子扮演好朋友的角色
>
> 从小教育孩子让他努力成为别人的好朋友。同伴说话口齿不清仍然微笑倾听的孩子，替摔倒的孩子背书包并送他回家，这样的孩子身边同样会有很多善良慷慨的朋友。孩子收到生日派对邀请时要尽量参加，且不要忘记写贺卡。让他们一起踢球、一起去游乐场玩，游泳或看电影也是不错的选择，还可以建议孩子省点零花钱为朋友买个礼物。

34. 遇到淘气的同桌怎么办

"孩子的同桌是个淘气鬼，经常借橡皮和铅笔，还老嘲笑她是'胖子'。今天早上孩子说不喜欢同桌，不想上学。我觉得不能再放任不管了，不过因这种小事就让老师调座是不是不太合适啊？"

同桌通常是孩子入学之后所交新朋友中的一个。如果和同桌处好就能迅速地适应学校生活，也能快速地结交其他朋友。不过偶尔会遇到一些非常淘气的同桌，比如做听写练习时老要偷看，平时有事没事碰一下激一下，抓着东西就跑等。这种情况反复出现时会严重影响孩子的情绪，让他不能很好地适应学校生活甚至不想上学。

不要简单地认为"同桌会常常换，应该没关系吧"。对于淘气同桌的行为有些孩子能正确应对，但大部分孩子还是会因此承受压力。与同桌的关系还会影响与全体同学的关系，要正确把握状况。

也不能一味地要求班主任帮忙调座，应该把前因后果讲清楚并要求老师多观察。之后，老师会大致了解孩子所承受的压力和同桌淘气的程

度继而做适度的仲裁和介入。妈妈也可以把同桌邀请到家里，看一下他们玩耍的情况，要求同桌与孩子友好相处。有些孩子欺负对方只是为了表示他的好感。如果尝试了各种方法依旧没有改善，再要求调座，毕竟不能因此影响自己孩子的学校生活。

孩子好好成长

必须保证的
健康

Mom & Kids·指导方法

35. 为什么一定要让孩子吃早饭

很多妈妈为孩子的早餐问题担心。幼儿园时上学比较晚，多少还能让孩子吃点，可一入小学就比较困难了。孩子起得就晚，还得准备各种学习相关物品，很快就到上学时间了，只能是用面包、煎蛋和牛奶对付一下了。像这样早饭吃不好或干脆不吃，到早上10点时能量将被耗尽，身体会陷入低血糖状态。在这种状态下脑部的活跃程度大幅降低，严重情况下还会导致注意力下降、攻击性变强。不仅如此，一位小学教师透露，很多没有吃早饭的学生在第三节课结束之后就会喊肚子疼。其实是因为肚子里没东西，胃疼。吃煎蛋和牛奶不行吗？也没什么不可以，但牛奶和蔬菜汁、煎蛋里没有激活脑部活动的碳水化合物。碳水化合物对于处在脑部发育中的孩子是非常重要的营养元素，面包比牛奶好，米饭比面包好的道理也在于此。孩子不能吃早餐最主要的原因是起得晚，晚上睡得晚早上也会起得晚，起得晚自然就没有食欲了。想让小孩吃早饭，首先得改掉晚睡的习惯。这不是小孩一个人的事情，大部分晚睡的孩子都有晚睡的父母，孩子的生活习惯一般会受他们的影响。

不要忘了，勤奋的妈妈才能培养出健康和聪明的孩子。

36. 小学一年级孩子要做的身体检查

在学校做身体检查是为了预防、发现并及早治疗疾病，一般分为体格检查和体质检查。体格检查在学校进行，主要测量身高、体重、胸围及坐高。体质检查涉及营养状况、脊椎、胸腔、眼、耳、鼻、脖子、皮肤及口腔等，会对听觉障碍、视觉障碍、精神障碍、语言障碍及过敏性疾病等做出诊断，此外还会有尿液、贫血、肝功能、肾功能等血液检查及结核检查。这个时期妈妈能带孩子做的健康检查有以下几种。

牙齿检查

小学一年级是恒牙萌生的时期，是奠定牙齿健康基础的重要时期。特别是6~7岁时更换的犬齿，因为更换时间比其他牙齿晚，在小学期间要特别注意保持它们的健康以防被周边的恒牙排挤导致错位，影响面容美观。很多孩子会有蛀牙，这时若放任不管会导致其破坏牙齿的中央神经，形成脓肿，严重情况下会造成牙齿坏死或脱落，所以要在感到疼痛

前及时检查接受治疗。

眼科检查

眼睛的发育一般在 6~9 岁间完成，视力也会在这个时期定型。那些特别喜欢看电脑、电视的孩子视力上可能会有问题，要及时接受眼科检查。对于小学一年级学生来说最大的问题是近视，近视会让孩子看不清远处的物体，而且看一段时间的书眼部就会觉得疲劳，有些孩子甚至会头疼。如果不及时做视力矫正，会引发情绪不安和慢性头疼。

听力检查

孩子的听力异常大部分是遗传问题，也有一些是没及时治疗感冒后遗症中耳炎导致听力受损。无法正常听辨，其他语言能力也会受影响，进而导致学习能力整体下降。

其他检查

检查过敏性鼻炎、鼻窦炎和痉挛。过敏性鼻炎或鼻窦炎会堵塞鼻子，使孩子无法集中精神学习，而且在学校老流鼻涕也会受其他小朋友嘲笑。当孩子感冒后鼻子堵塞常流鼻涕时一定要去耳鼻喉科检查治疗。

痉挛是肌肉突然紧张，不受控制地抽搐，主要病因是压力和不安。入学前后的孩子可能出现这个症状，所以孩子常眨眼睛或抖肩膀时要及时检查。如果确诊要及时治疗，不然孩子会成为朋友间的笑柄，甚至会落单。要及时去小儿神经科咨询。

此外肥胖症和高血压等成人病也可能出现，要常用适合孩子的血压计测量血压。

小·提示

孩子说话含混不清

说话含混不清的生理原因之一是连接舌头与口底的舌系带过紧过短。舌系带先天性过短，舌的前伸运动受限，就会造成语言障碍。患者最受影响的发音是卷舌音，发音时，舌尖需要上翘，抵住硬腭，但因为舌头的活动受到限制无法充分伸展，这个音也就发不准。上述情况的检测方法是让孩子尽量伸出舌头，如果舌尖无法越过下嘴唇就有可能是舌系带过短。

为了矫正发音而进行的舌系带切开手术较为简单安全，但是儿童需要全麻。手术前应进行正规的医学检查，还要考虑儿童主观的自我发音满足感。

37. 如何保护好孩子的牙齿

　　一般来说,小孩在6岁时开始长恒牙。恒牙替换乳牙要经历较长时间,直到孩子14岁恒牙才能基本出齐。恒牙萌出最早见于第一磨牙,继之为中切牙、侧切牙、第一双尖牙、尖牙、第二双尖牙、第二磨牙,第三磨牙也就是智齿萌出最迟,也有可能终生不萌出。6~9岁是上、下颌中切牙和下颌侧切牙的萌出时期,因此在孩子一年级时要密切关注其牙齿生长状况,确保孩子长一口健康漂亮的牙齿。

恒牙长得漂亮的方法

　　一般说乳牙长得漂亮恒牙会长得难看,这是有一定道理的。如果乳牙长得很密,个头更大的恒牙长出来时因为没有空间,不能长得很齐整。蛀牙也会破坏牙齿的美观,蛀牙会腐蚀、蛀空牙齿,让牙齿倒向一边,使恒牙没有充分的生长空间。如果乳牙或虫牙因外伤提前脱落,周围的牙齿会向这个方向靠拢,妨碍恒牙的成长。这时最好装上间隔维持装置,

保持恒牙生长空间。

小孩有咬手指头、吐舌头、用口部呼吸等习惯时，易使下颚变形，形成不当咬合，所以要尽量防止孩子养成这种习惯。耳鼻喉科有问题时也要及时给予解决，才能保证拥有一口美丽的牙齿。

预防多生牙或缺牙的方法

人的恒牙出齐后应该是28~32颗，但由于遗传或其他后天因素，有些人的牙齿会多于或少于这个数。混合牙列时期，即换牙期内，多生牙或缺牙的可能性较大，需要及时接受检查。

多生牙可能会斜着长出牙龈，挤占空间阻碍正常牙萌出，而且因没有空间而没长出来的牙齿可能会在牙龈里形成脓包。为了防止这种情况的出现，要提前拍X光查看是否有叠牙或牙齿倾斜的情况，若发现多生牙最好是把它拔掉。这样就能保证牙齿长得整齐，不会有斜牙或对牙龈产生不好的影响。缺牙也要提前检查，如果孩子缺牙可以等到牙长齐的初三，用移植的方式进行治疗。

妈妈们的苦恼 Q&A

Q:孩子新长出的恒牙颜色都偏黄，有点担心。

乳牙是白色，而恒牙本来就是偏黄的。因为在乳牙中间所以会显得更黄一些，不用过于担心。

Q:孩子在上小学一年级，下颌的乳牙已经有点松动了，是让它自己脱落呢？还是选择合适的时机去牙科医院拔掉呢？

如果是正常的换牙可以等它自己脱落，如果不是，那么松动的牙齿向一边靠拢就是一个比较合适的时机。

Q：幼齿脱落长出恒牙了，但齿端不整齐、比较尖。

新长出的恒牙一般不很平整，而是有 3 个左右的尖端。使用过程中会逐渐磨损，最后会像大人的牙齿一样变得比较平。

Q：孩子的牙齿"地包天"，需要接受矫正治疗，应什么时候开始治疗呢？现在新长出了 6 颗牙。

这应该是一种上下牙齿不正常咬合情况。如果是"地包天"，建议早点诊断治疗，最好去专业牙科医院接受诊断。

Q：牙齿的下端是透明的白色，但上端一半左右是半透明的白色，看起来还有些碎的部分。新长出的恒牙都有这种情况。

可能是部分牙有发育不良现象。这多半是因为牙齿生长时孩子有过发热性疾病，此外也有多种其他原因，有时也会在无任何异常的情况下出现。这种牙齿强度比较弱，容易形成虫牙，要根据严重程度来接受治疗，最好去牙科看一下。

Q：昨天带孩子去拔了两颗乳牙，做了止血处理。回家后，晚上倒无异常，但睡觉时流了很多血。

大部分情况下拔出乳牙后 2 个小时就会止血了。再次流血可能是因为睡觉时被分泌的唾液稀释没有凝固，让孩子咬着绷带一般就能止住。不过如果是持续性出血，则需要去医院进行检查，维生素 K 对止血也有

一定作用。

Q: 电动牙刷比一般的牙刷效果更好吗？要使用多少牙膏呢？

现在的电动牙刷做得比较好，性能优良。不过在小学 3 年级之前，还是让孩子用一般牙刷仔细刷的效果更好，牙膏可以少放一些。

✿ 小·提示 ✿

保护好恒牙的方法

※ **正确的饮食习惯**　大家都知道含有糖分的食物是导致蛀牙的主要原因，而把食物长时间放在嘴里也会导致蛀牙，这都是不好的习惯。喝酸度过高的果汁或碳酸饮料也不利于牙齿健康。

※ **小学三年级之前由父母带着孩子刷牙**　小孩刷牙时可能不会一面一面认真刷，而只是应付一下。所以小学三年级之前最好还是由父母监督或者帮孩子刷牙，让他们逐步熟悉正确使用牙刷的方法。

※ **做好专业的预防**　医院有密封剂或涂抹氟的专业预防方法，特别是新长出来的臼齿使用密封剂有助于预防蛀牙。密封剂能填充臼齿表面细微的凹槽，可以有效防护容易蛀牙部位。恒牙穿过牙龈向上长的时候还未发育全，无法彻底清洁，因此容易蛀牙，所以恒牙萌生的时候最好使用密封剂预防蛀牙。定期用氟涂抹，不仅能预防蛀牙，还能维持牙齿健康。

38. 如何利用中医让孩子长高

营养摄入均衡、生活有规律、经常做运动也不见长个时，不妨找中医看看。治疗费用比西医低，而且能找出根本原因。

中医认为父母的身体虚弱会影响孩子的先天体质或后天脾胃健康，导致发育不良，挑食或心理压力大伤到脾胃会影响孩子的发育。

过敏性皮炎、鼻窦炎、哮喘、扁桃体发炎等疾病的感染会使孩子的脾性变得敏感，无法熟睡，这会导致生长激素的分泌减少，从而造成生长延迟。

中医会改善影响孩子正常发育的五脏六腑的不协调现象，强化细胞、组织、器官、肌肉、骨骼的健康，优化能让孩子健康成长的内部环境。治疗方法因孩子们的体质各异会有所不同，首先治疗肥胖症或过敏性鼻炎等疾病，因为只有这些疾病得到控制才能很好地解决成长问题。无其他疾病的情况下，一般来讲先用强化脾脏和肾脏的处方，里面添加了有利于成长的药材。

消化器官虚弱而影响成长，中医会开出强化脾胃功能的处方；因呼吸器官弱而经常感冒，就开能改善呼吸器官的处方；骨架纤细、元气不足的情况用强化肾脏功能的处方；因骨骼生长弯曲导致的生长延迟可以用推拿疗法帮助骨骼正常生长，这还能刺激成生长板促进骨骼生长。

中药治疗

用中药促进生长激素的分泌加快骨骼生长，能提升身体器官的各项功能，让孩子自然成长。基本处方是男孩用六味地黄汤和琉球子汤，女孩用六味地黄汤和四物汤，根据孩子的体质配一些有利于成长的骨碎补、红花籽、石菖蒲、山药、酸枣仁、桑实、苍术、枸杞、何首乌等做药引。服用 6 个月左右身体各器官已准备好分泌生长激素，坚持服用 1 年身体各个器官会分泌一定量的生长激素。停一段时间再服用也无妨，每个人体质不同效果也会有所不同，但是大概能达到前一年成长率的 1.6~2 倍。但如果发现异常或者还是没有见效的话建议每月服用 2 周。

艾灸·针灸

学龄前儿童，除了特殊情况，一般不会用到治疗成人时会用到的艾灸或针灸治疗法。但胃肠功能弱一般会用到艾灸，将蒜或瓦楞纸等放在皮肤和艾条中间，在不会被烫伤的前提下进行艾灸。针灸可选择无痛激光照射法或用可粘贴式成长针贴在成长穴上，还可在耳朵的穴位上施耳针法。妈妈可以学习一些能在家完成的刺激膝关节、脚踝、脊椎、髋关节生长板的成长穴按摩法。

推拿疗法

先带孩子做脊椎检查，必要时进行矫正治疗。因长期使用尿不湿影响髋关节发育导致"X"型腿，或在婴儿独自坐立之前使用助步器导致骨盆位移，这些情况都可施推拿疗法，如情况不严重可由家长亲自推拿。

民间疗法

添加蜂王浆的蜂蜜

100 克蜂蜜加入 1 克蜂王浆，搅拌均匀。每次 10~15 克，一天 3~4 次，在两餐之中间隔服用。蜂王浆含有多种氨基酸和维生素，有助于提高免疫力，促进成长。

南瓜子·花生·核桃

把以上三种坚果按一定比例捣碎放入蜂蜜中，搅拌均匀。每次 10~15 克，一天 3 次，饭后服用。南瓜子、花生、核桃富含氨基酸、维生素、不饱和脂肪、蛋白质等营养物质，有助于消瘦的儿童变得壮实。

鳗鱼

把蒸干的鳗鱼磨成粉，再放入蜂蜜，搅拌均匀，做成颗粒。每次 5~7 克，一天服用 2~3 次。鳗鱼富含蛋白质和脂肪，能使身体健壮。

人参·五味子

将人参、五味子磨成细粉，按 1:2 的比例搅拌均匀。每次 0.5~1 克，每天 3 次空腹服用。

五加皮

将五加皮磨成粉，每次 1~1.5 克，每天服用 3 次。五加皮有利于中

枢神经系统，能提高免疫力，是治疗生长延迟的必备药材。

中医按摩

按压脊梁

用大拇指，沿着腰部直到后颈部按压，每次按压持续 2~3 秒。用按摩板在脊梁上，从下到上按压 50 次左右，这样能刺激脊椎的成长。

按压腰眼

自然站立时，腰部与臀部间凹陷处就是腰眼，它是骨盆与脊椎的连接部位，对其施加适当的刺激有助于骨骼的生长。用大拇指按住腰眼并揉搓，按摩 3 分钟即可。推按连接腰眼穴的腰围也能起到很好的刺激效果。

按压内膝眼·外膝眼

膝盖骨两侧凹陷处就是膝眼，膝盖内侧是内膝眼，外侧是外膝眼，是连接大腿和腓骨的软骨部位，刺激内外膝眼能促进腿部生长。用大拇指和食指同时按压内外膝眼，持续按压 2~3 秒后放松，以这样的方式按摩 20 次左右。

揉捏足三里

足三里穴位于外膝眼下四横指、胫骨边缘。伸直膝盖，用大拇指和食指用力按压足三里穴 3~5 秒，反

复按摩 50 次左右，能让腿部长长，增强肠胃功能。

按压脚后跟以及脚心

刺激脚后跟也能让腿部长长。用握拳后突出的食指关节或按摩棒慢慢按压该部位 5 分钟左右。刺激位于足前部凹陷处第二三趾趾缝纹头端与足跟连线的前三分之一处的涌泉穴，有助于手臂和腿部的发育。用右手固定脚部，再用左手大拇指在凹陷处持续按压 5 秒，反复 30 次。

★ 小·提示 ★

能长个子的按摩小·窍门

※ **干布按摩** 脱掉外衣，用干毛巾做干布按摩，能适当地刺激身体。将毛巾长长地卷起来，绕到背部，将两端抓紧，然后上下摩擦按摩；将毛巾放在腹部，左右摩擦按摩；将毛巾放在肩部，从肩部到手腕处摩擦按摩；将毛巾放在大腿部，左右摩擦按摩。

※ **用手指梳头** 将手指伸开做梳子状。两手放在头部，手指接触头皮，然后往下梳。

※ **揉眼睛** 用两个大拇指按住太阳穴，然后用食指从内眼角开始刮上眼眶。

39. 要不要带个子·小·的孩子咨询成长专家

孩子的身高和遗传、锻炼、营养及疾病等都有一定的关系。带孩子去咨询儿童成长专家之前，妈妈可以先对照成长清单，看看孩子的成长是否符合正常情况。

◇ 晚上做运动。　　　　　　◇ 晚上 9 点前入睡。

◇ 睡觉时平躺，腿脚伸长。　◇ 每天睡 8 个小时以上。

◇ 早上起来做体操等简单的运动。　◇ 吃饭时间是 20 分钟左右。

◇ 坐下时腰部贴在椅背上并坐直。　◇ 不挑食。

◇ 每天喝 3 杯以上的水。　◇ 每天喝 3 杯以上牛奶。

打勾的项目为 3 个以下时成长指数不合格，4~7 个是还需努力，8 个以上比较符合标准。

建议平时多给孩子加强营养，带孩子多做些户外运动。小儿缺乏消化酶，可能导致偏食。医生指导下服用胃酶合剂、健胃消食片、多酶片等药物。如果你决定带个头小的孩子去咨询的话，八九岁是最适合的年纪。因为孩子开始上学之后会因个子小而备受困扰，所以能积极接受治疗。

40. 怎样解决小儿肥胖症

很多父母看到孩子比较胖时都会简单地想"肉会变成身高的"或"长大就没事了"，这种想法会让孩子陷入小儿肥胖症的危险之中。

小儿肥胖症多发生在 1 岁前后、5~6 岁、青春期三个阶段，而大部分都是到了青春期才开始治疗。实际上，孩子年龄越小，肥胖程度越小，治愈起来也越容易。那么怎么判断是小儿肥胖症呢？

小儿肥胖症不像很多妈妈所想的那样，仅靠外形来判断，主要是靠体脂肪来判断肥胖与否。体重较轻但体脂肪多就是肥胖，相反较重但体脂肪低就不是肥胖，因此最好还是去医院进行检查。在家里可以通过简单的方法测量"肥胖指数"。

小儿肥胖的原因

高卡路里零食，不规律的饮食习惯

小儿肥胖的 99% 是因为高卡路里摄取。孩子常常会吃饼干、鸡腿、曲奇、可乐、比萨、汉堡等高卡路里食品，就算每天只吃两顿但吃得太

多也会引起肥胖。1岁左右的婴儿肥胖主要是因为父母给孩子喂了过多的牛奶。心理因素和精神压力会让孩子带着补偿心理摄取过多的食物，如果运动量跟不上，就会导致能量代谢不均衡而变得肥胖。

遗传史

家人中有肥胖症患者时孩子肥胖的概率较高。父母都有肥胖症时孩子肥胖的概率是80%，妈妈肥胖而爸爸不是时概率是60%，而爸爸肥胖妈妈不是时概率是40%。父母肥胖并不表示孩子一定会肥胖，而是说孩子拥有比较容易肥胖的身体特质。所以家人中有肥胖症的家庭要提前预防，防止孩子变胖。

运动不足，压力大

看电视玩游戏时长时间坐着会导致运动量减少，零食量增加，长期下去会导致肥胖。压力大也是引起肥胖的一个重要原因，现在的孩子不仅要上学、上各种辅导班，还要与同学们竞争。和很多独生子女们一起过团体生活，落单等问题会相继出现。孩子们没有办法自己疏解压力，只能通过饮食来发泄。

疾病的影响

弗里德赖希氏共济失调、克莱恩费尔特综合征等遗传疾病和甲状腺机能减退症、垂体嗜碱细胞增殖、生长激素缺乏症等都会导致肥胖。

小儿肥胖症治疗方法

饮食疗法

饮食疗法要根据肥胖程度和孩子的特性灵活使用。幼儿及青少年时期发育很重要，需要摄入必要的营养元素。轻度肥胖者只要维持现在的体重，长大后体重会变成正常，所以不用严格控制饮食。饮食疗法要以低热量、低碳水化合物、高蛋白为原则，而且需要很长时间才能见效。孩子的耐力较差，容易中途放弃，因此家人的鼓励和肯定非常重要。

❋ **小·提示** ❋

小·儿肥胖症患者生活指导

※ 不吃宵夜。

※ 吃零食一天不能超过2次。

※ 只吃水果和蔬菜等天然食品。

※ 按时用餐，进食速度慢一些。

※ 不吃垃圾食品。

※ 不一个人吃饭。

※ 不要在心情不好时吃饭。

※ 即使有失误剩下，只要吃饱了就不要再吃。

※ 不吃糖和巧克力。

※ 吃了汉堡、比萨之后要吃蔬菜水果等补充营养。

※ 一定要吃早饭。

运动疗法

为了减轻体重并维持效果必须坚持做运动，至少要保证一周 3~4 次。推荐走路、自行车、跳绳、游泳、跆拳道等有氧运动，要达到出汗状态，每次做 30 分钟以上。运动后会有嗜食现象，要特别注意。

❈ 小·提示 ❈

运动及活动量指导

※ 看电视时不要躺下，要坐着。

※ 不要乘电梯，上下楼多爬楼梯。

※ 三餐后可以进行20分钟左右的跳绳或俯卧撑等简单运动。

※ 走路上学。

※ 一天在外面玩30分钟以上。

※ 负责做家里的"小跑腿"。

行动修正疗法

通过观察孩子的行动找出肥胖的原因，然后着手解决。行动修正疗法也需要长期计划，不能由孩子一个人来完成，全家人要一同参与，不断努力。

❈ 小·提示 ❈

行动修正指导

※ 多穿运动鞋，少穿皮鞋。

※ 不吃宵夜。

※ 房间打扫由孩子自己完成。

※ 养成量体重的习惯。

> ※ 开发自我解压法。
>
> ※ 穿舒服的衣服。
>
> ※ 延长与同龄人玩的时间。
>
> ※ 在外吃饭时一定要记在日志上。
>
> ※ 常看镜子。
>
> ※ 吃完饭后不直接睡觉。
>
> ※ 制订生活计划表。

高手妈妈的成功经验

"每天早上和孩子一起运动"（银英妈妈朴志英女士）

我听说最好的减肥方法是走路，所以每天吃完晚饭后我都会带着孩子走一两个小时，走完之后还会跳绳、打排球和羽毛球等。因为是一家人一起做，所以孩子也觉得很好玩，最后孩子减肥成功。

"严格控制了零食"（成俊妈妈刘顺姬女士）

把家里的饼干和面包等所有零食都清除掉，用黄瓜、西红柿等低热量蔬菜替代。汉堡、比萨等食物一个月最多吃 2 次左右，吃饭之后一定会让他做运动来消耗热量，而且一段时间内我没给孩子零花钱买零食。

"给孩子讲减肥的必要性"（成灿妈妈李银珠女士）

一年级的孩子是能理解妈妈的解释的。我给他讲了为什么要减肥，

不过由妈妈讲我怕他会当成唠叨，所以多借助了电视上的医学节目、视频、演出、书等媒体，结果非常有效。

"用低脂牛奶和游泳减肥成功了"（承旭妈妈金智恩女士）

一天正常吃3顿，并用2杯低脂牛奶来代替零食，之后就让他游泳。因为比较胖，他觉得陆地上的运动做起来很难受，但水中却没有问题。就这样坚持了6个月，孩子变瘦了。

41. 如何让体质虚弱的孩子身体棒棒

体质虚弱的孩子会让妈妈担心不已。特别是进入小学后，更需要强健的体魄做后盾。毕竟上课需要孩子在指定的时间内聚精会神听课，保持紧张状态。而体质虚弱的孩子因为缺乏体力容易疲劳，加上内心多敏感，一般性格都比较挑剔，因而在适应学校生活的过程中会有更多的问题。

一年四季都在感冒

有些孩子每次换季时都会感冒，特别消瘦，稍微走一下就会气喘吁吁脸色苍白，这些都属于身体虚弱的表现。引起感冒的原因有很多种，肺功能弱则更容易得感冒，一年四季都感冒的孩子一般属于这种情况。肺功能弱在特别小的时候不易察觉，但到了3~4周岁时会显现脸色苍白、消瘦、脖子细长等外形特征。特别是咳嗽和喷嚏会比较多，严重时还会伴随嘶嘶的呼吸声。这样的孩子长大后易患过敏性鼻炎，需要从小保养好呼吸系统。

应对方法

多吃鸡肉和葱

利于肺和呼吸器官的食物有米、鸡肉、桃、葱、麦、杏等，人参和桔梗等食物有利于强化呼吸系统和免疫力，不过对于有慢性咳嗽的孩子不建议食用。

多呼吸新鲜的空气

多呼吸新鲜空气能强化呼吸系统，建议每个月至少去一次郊外呼吸新鲜空气。

注意湿度调节

到了秋天寒风吹来时呼吸系统会变得更加脆弱，要多调节室内湿度，保证空气湿润，不让呼吸系统感染。

做干布摩擦

为了保护皮肤，提升免疫力，要多做干布摩擦，具体方法是每天早晨用干布摩擦脸部 10 分钟。坚持做干布摩擦可以锻炼皮肤和肺，冬天不容易感冒。

消化不良，肚子疼

虚弱的孩子消化系统一般也比较弱。这类孩子的身体特征是不容易长肉，消瘦，皮肤的血色不好。由于消化不好，他们的肚子里常有咕噜咕噜的声音，经常腹泻或便秘。这类孩子多半有挑食的不良习惯，不爱吃饭，甚至吃完就吐，有的孩子反映肚脐周围比较疼。如果周岁之后还是有呕吐、肚子疼、拒绝食物等现象，就可以怀疑是消化系统有问题。

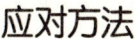

应对方法

食品用热乎的饮料和食物

吃凉的食物会使体温下降，而提高体温就需要消耗能量。它不仅会消耗本应用在长身体上的能量，还会消耗用于消化的能量，从而加剧消化不良。吃过多凉食也会让体弱的孩子更加瘦弱，所以，尽量让孩子吃喝热的食物和饮料。

进行腹部按摩

平时用手按顺时针方向轻柔地进行腹部按摩有助于强化肠胃消化功能。

多吃易消化的食物

尽量远离糖、碳酸饮料、饼干、面包等不易消化的垃圾食品。饭量要控制得当，保持规律，以免胃脏负担过多，多让孩子吃一些容易消化的食品。

用大枣枸杞茶养胃

在水里放大枣和枸杞加热熬茶水给孩子喝，因大枣和枸杞有甜味，孩子也比较爱吃。

易疲劳和乏力

这样的孩子活动量少，容易疲劳，常冒虚汗并伴有眩晕感，因为运动能力差容易摔倒、抽筋。肝功能弱一般表现为血液循环不畅，肌肉乏力，食欲不振，脸色苍白。对于这类孩子首先要设法增强他的血液循环能力。

应对方法

避免做过于激烈的运动

肝功能差、代谢系统弱的孩子常流汗,一做运动就喊累,且容易感冒,要多加小心,特别是不要让孩子长时间在太阳底下跑动。

经常洗澡

洗澡可以促进血液循环,清除肌肉中沉积的废弃物,有助于身体健康。

游泳有助于血液循环

对于怕热的孩子来说,游泳是非常合适的运动,可以帮助降低体表温度,对于易发热的孩子很有好处。

多吃富含维生素的食物

荠菜、水芹、菠菜、枸杞、紫菜等有丰富的维生素和无机物,有助于养肝。

多吃味甘的食物

肝功能弱的孩子适合吃白米、冬葵、牛肉、大枣、韭菜等味甘的食物。

高手妈妈的成功经验

"给孩子吃纳豆粉"（道润妈妈金美淑女士）

小孩因为身体虚弱,一年给他吃了2副中药,还吃了很多营养剂,不过都没什么用。尝试了很多方法之后,最后选择的是纳豆粉。因为味道比较重,一开始添点米粉薏仁茶混着吃,之后就只吃纳豆粉。肚子饱

了之后就吃不下去了，一定要在肚子饿的时候喂他，而且更重要的是要保证一日三餐。我们孩子是靠纳豆粉和杂谷饭变得健康的。

"多吃黑色食品"（景真妈妈赵喜善女士）

我家孩子常流虚汗，而且容易疲劳。听说黑色食品比较好，我炒黑豆给他当零食吃，也和甘草放在一起熬粥，让他时不时喝一些。有时还会添点磨好的黑芝麻粉煮给他喝，煮饭时也放点黑米。可能是因为吃了黑色食品，6个月内孩子一次也没有感冒过，虚汗也很少流了。

✿ **小·提示** ✿

健康晴雨表：舌头

观察舌头就能了解五脏的健康状态，尤其是心脏和脾脏。舌头与心脏、脾胃有着紧密的关联。身体健康时，舌头是鲜红色；身体上火会变得更红，反之颜色会变浅。舌头的颜色与消化机能也有关联，胃肠功能弱，舌头多显白色。妈妈可以通过舌质、舌苔观察孩子的身体变化。

舌质颜色过红或过浅就要留意身体是否有恙。舌头过红就说明体内热盛，一般感冒发热时会出现此症状。反之舌质颜色过浅、气色苍白就说明气虚、体寒。如果舌质干燥没有光泽就说明舌头缺乏营养。正常的舌苔一般是薄而均匀地平铺在舌面，在舌面中部、根部稍厚，边缘和舌尖显粉色。如果舌苔厚就说明脾胃湿热，即意味着消化系统有所损伤，患感冒、鼻炎等疾病也会出现舌苔厚的情况。

42. 怎样为孩子挑选营养品

维生素 B 有增强食欲、促进成长、改善血液循环的效果，维生素 C 有抗疲劳、抗病菌的效果，维生素 D 能促进骨骼生长，维生素 E 能调节体内激素平衡、改善血液循环，矿物质钙锰铁有造血、促进骨骼生长的功能。这些营养元素能从平常的饮食中摄取当然最好，但是因疾病不能正常进食或营养流失大于摄入的人是需要另外补充的。在不了解营养品成分和疗效的情况下盲目服用，会导致营养过量或引起副作用。比如摄取过量维生素 A，会造成肝损伤、食欲不振或出现斑疹。摄取过量钙，会诱发腹泻、呕吐、头痛和神经系统疾病。根据孩子的体质和身体状况，咨询相关专家，然后去挑选合适的营养品才是正确的方法。

❋ 小·提示 ❋

营养品不能吃太多

　　考虑到儿童的口感，现在的营养品多半是果味的咀嚼片。但是把营养品当成糖而时不时吃一片，会出现过量摄取的情况。过量摄取营养素会对身体有害。改变多吃有利于身体健康的想法，适量摄取就好。

43. 适当的性教育从一年级开始

现在的孩子通常比较早熟，接触到的成人世界的东西也比以前多得多。到了小学一年级，孩子对"性"的概念并不一定清楚，但有时候提的问题会很具体，敷衍了事或训斥孩子都会让他对性留下不好的印象。因此，给孩子讲一点生理卫生知识，是很有必要的。

对于怀孕和出生的疑问

"妈妈，孩子是怎么出生的？"小学一年级的孩子可能会对怀孕和出生产生疑问，他们希望听到一些具体的回答。对于提出疑问的孩子的疑问不应该紧张或斥责他们，而应该适当为他们解释一些生理现象。如果没信心讲好，可以和孩子一起找书或上网来看。

小学一年级的孩子不用给予很长很仔细的性教育，告诉他们生殖器的名字和功能，提醒他们珍惜自己的身体就足够了。家长要端正心态，

自然地与孩子沟通与性有关的问题。有些人担心性教育太早会让孩子做出一些不好的行为，但提出这类问题的孩子，无论是在身体上还是在心理上都已经有这方面的意识了，家长应该借助这个机会，对孩子的提问表示认可并给予正确的解答。

解释男女差异

对于小学一年级的孩子来说，教他们认识男女的差别是性教育的重点。可以通过电视、报纸、杂志、电影等，把里头关于性的场景或新闻作为素材来讲解，这样会比较有效。看到接吻场景或床戏时可以问孩子"你有什么想法"，让孩子很自然地讲出自己的看法和疑问。直接换台或训斥孩子"小孩不能看这些东西"并把他赶出房间，反倒会让孩子因为好奇和不解而偷偷地做一些家长不愿看到的事情。同时家长也要告诉孩子礼貌对待异性朋友的方法，比如异性朋友换衣服时要主动避开，不能摸对方敏感的身体部位等。即便是姐弟也不应该让他们睡在一起，就算是亲戚最好也别让性别不同的孩子睡在一间房里。

要进行针对性暴力的预防教育

详细告诉孩子某个人擅自抚摸自己身体时的拒绝方法，大声喊出"不要"、"不要摸"后离开那个地方，之后告诉父母或老师，告诉孩子发生这种事情时一定要讲出来。"发生什么事一定要告诉爸爸妈妈，就算和

他约好不说也要讲出来，不好的约定是可以不遵守的。"消除孩子的内疚感和恐惧感。

健康、快乐、自信的人生

做最好的
自己

Mom & Kids·指导方法

44. 培养孩子责任感和自信心的好办法

孩子入学之后可以给他布置一定的家务活。有些父母怕影响孩子学习并不会给孩子安排任何事情，但让孩子帮忙做些家务活和整理自己物品，在一定程度上能很好地提高孩子的责任感和自信心。

"进入小学后，老师给他安排了整理桌子、鞋，定期解题等需要自己完成的事情，不过我们一般不会要求他这么做。有什么好办法吗？"

如果你曾要求孩子收拾玩具，你就会明白让他完成这项工作是多么困难。对于小学一年级的孩子来说，一些事情就算是自己定下的，或是和父母约好的，执行起来也很困难。很多良好习惯养成的最重要时期就是小学一年级。

为什么孩子不愿做家务活

孩子不愿做家务活或自己的事情一般出于以下原因：

事情太多或强制要求他做

给孩子过多的任务或强制要求他做，孩子当然会不喜欢，因此可以适当减量。重要的不是孩子做了多少事情，而是是否坚持完成了交给他的任务，之后可以逐步增加。

孩子觉得自己被"使唤"

孩子觉得自己在被使唤时会不愿做家务，让他做过多的家务活时，他会想"妈妈为什么老使唤我呢"。

孩子沉浸在某件事情上

当孩子沉浸在游戏中或在做自己喜欢的事情（看漫画书、电视、电脑或与朋友对话）时，让他做家务他就不愿意了。这时若强制要求他做，会让他觉得"家务活是烦人的事情"，而不会想要"帮助父母"。

怎样培养孩子做家务活的习惯

美国芝加哥儿童记忆医院（Children's Memorial Hospital）的临床心理学家科林·茨塞蒂博士说："让孩子帮忙做家务、自己整理物品可以帮孩子树立责任感，同时也会让他有独立完成一些事情的自信心。"

告诉孩子要做的事情并让他付诸行动时，要通过适当的奖赏激发他的动机，而对于孩子来说最好的奖赏是父母的赞扬。就算是让孩子做一件小事，也不要觉得这是理所应当的，及时给予孩子赞扬可以让孩子将一些良好的行为逐步变成习惯。当孩子帮忙收拾饭桌时，妈妈可以说："谢谢你帮忙，下次也拜托你啊。"或用漂亮的台历或便利贴作为奖励贴在显眼的位置上。如果不给予孩子奖赏，虽然那一刻他会做得很好，但没有父母关注时就会对家务活置之不理。

做简单的家务活儿是一种乐趣，而长期做可不是一件容易的事。要

让它逐步成为孩子的习惯，但要注意不要提太高的要求。

高手妈妈的成功经验

"多给他讲一些鼓励的话"（允珠妈妈郑美花女士）

树立孩子的责任感若一味强调"要帮助父母"反而容易让孩子有逆反心理，所以一般会说"我们宝宝会做得很好的，妈妈很期待哦"这种鼓励性的话，也表达一些期待，这时孩子会做得很得意。现在我只要说这些话，孩子就会说"好，我来做"。

"多给他讲一些拜托的话"（美露妈妈金晓珍女士）

我们宝宝属于自尊心特强的那种孩子，如果爸爸无意中说"宝宝，报纸"、"做事情吧"这种话，孩子会装作听不到，但如果说"宝宝，爸爸想看一下报纸，可以帮爸爸拿过来吗"、"可以帮我做点事吗"时孩子就很听话，那时他会以愉快的心情主动帮忙。

"要考虑孩子的立场"（慧星妈妈李英爱女士）

当孩子专注于游戏时你要他帮忙或做家务，他当然会不喜欢。但如果我问孩子"现在方便的话，可以帮我做点事情吗"，他就乐意帮忙了。当孩子正在做重要的事情或沉浸在游戏中时，家长最好不要勉强孩子去做某件事，要适当考虑孩子的立场。

"孩子说'不'时告诉他礼貌拒绝的方式"（郑云妈妈郑美姬女士）

让孩子帮忙做家务其实是很难的一件事，孩子经常会皱眉或拒绝。这时候我也非常生气，不过比起大发雷霆，更好的办法是告诉孩子，"如果你在认真做某些事情，可以问问我'我可以先做这个，以后再做那个吗'。那样的话，妈妈也能充分理解你的立场。"也可以用分阶段接近的方式，先说"哦，是吗"来表达你理解了孩子的立场，之后说"我明白你的意思，我再想想"来进一步处理。

"经常表达你的感谢"（美善妈妈崔允儿女士）

我会经常向孩子表达自己的感情。当孩子帮忙时我会说"谢谢"、"你让我省了不少力"。给予别人帮助时如果得到积极的反馈你的下一次行动会更有动力，每当孩子帮忙时表达感谢，客观地赞美他时效果会立竿见影的。

45. 再强调都不为过的"秩序教育"

据说给新的班主任留下最好印象的孩子是"懂礼貌的孩子"。小学生活是社会生活的缩影，在这里对小学生最为重要的要求是树立秩序意识。

发达国家的秩序教育是从小开始的。美国一家幼儿园的规定是，如果一个小孩骂脏话就隔离一段时间。他们把脏话称为"卫生间话语（Bathroom Language）"——自己一个人在卫生间怎么讲都没关系，但在其他人面前说出来就不行了。在加拿大，老师们会严厉教训破坏秩序和欺负他人的学生。在日本，妈妈们教训孩子时最常说的话就是"不要给别人添麻烦"。

小学一年级的孩子通常缺乏遵守秩序的能力，需要老师和父母的指导。要告诉孩子，秩序是与他人的约定，必须遵守。使用卫生间或乘坐公交车、地铁时要按顺序排队，见到老师和同学时要打招呼。此外还有在楼道里保持秩序、自己打扫自己的周边、捡垃圾、正确使用公共设施、不说脏话、尊重长辈等很多需实践的内容。最重要的是妈妈要在家以身作则，做孩子的榜样。

46. 如何解决"好孩子症"的问题

"我有点担心爷爷奶奶对孩子有过多的期待。孩子比较聪明，因此他们总对孩子念叨'你要成为一个医生'、'成为律师'等。有一定的期望是好事，但如果给尚不懂人事的小孩过多压力就不好了。"

孩子上小学之后，父母和家里老人们对教育的期待会一下子上升。孩子一旦崭露头角，长辈们就会毫不掩饰地表达自己的期望。小儿神经精神科孙世韩院长说："小学一年级学生对医生、律师、警官、教师等职业只有模糊的了解，但对于哪个职业更好，需要付出多大的努力都没有正确的认识。"想要对孩子强调学习时可以说"要努力学习哦"，而说"长大要当医生"并不是一种很好的方式。

家长期待孩子有一个美好的未来对孩子的成长非常重要，孩子知道自己的父母和周围人对于自己有期待时会更有自信心和责任感。但过多的期待可能会给孩子造成很大的心理负担，甚至引起抵抗心理，一不小心就会做出叛逆行为或患"好孩子症"。

提升孩子自信心的五种方法

不给孩子过多负担

表达对于孩子的期待时要掌握好度，告诉孩子"长大要成为什么样的人由你自己来定"，才能减少孩子"如果以后达不到父母的期望该怎么办"这种不安感。

给孩子的行为提供正面的动机

孩子完成了某件事情或独立完成某项任务时妈妈要给予赞扬和肯定，让孩子体验到成就感，使用"这个想法很好嘛"、"画得真是栩栩如生啊"、"这么做就行了"等具体而不张扬的话语来表达对于孩子的关注和鼓励。

积极展望孩子的未来

在孩子面前要避免做一些对他未来的负面预测，妈妈有时候在气头上会这样。这种消极或满不在乎的态度，会让孩子更加泄气，更加没有自信。

过程比结果重要

孩子完成某些事情固然需要称赞，不过在完成的过程中孩子竭尽所能地努力时，妈妈也应该给予赞扬，哪怕结果不尽如人意。要让孩子了解到做一件事情重要的是过程而不是结果，为迎接以后将要面临的种种困境，孩子需要独立解决问题并突破困境的韧劲。

客观描述，慎重评价

妈妈在称赞时常常说"对，你做得没错"，这不是对孩子行为的描

述而是评价。如果父母对孩子的行为过多评价，会让孩子老怀疑"我做得对吗"。因此，父母最好是直接描述自己所见，让孩子注意自己的行为并对努力的过程和结果做出自己的判断。比如看到孩子读书时说："我们秀贞大声朗读的模样很美哦。"

✿ 小·提示 ✿

导致"好孩子症"的父母态度

※ **过于权威**　如果父母总是以命令式的口吻要求孩子服从时，孩子会变得没有主见。

※ **只重视结果**　在把握孩子的能力前预先制定目标，不断地鞭策孩子。不给孩子表达"不想做"的机会，孩子只能顺从。

※ **过分强调纪律和礼仪**　过分强调纪律的父母不能容忍孩子有任何不守纪律的表现，会不听孩子解释，只要求遵守。这种养育态度会严重影响孩子的生活，让孩子只懂得默默地跟随别人。

47. 突然变成"问题小孩"，妈妈该怎么办

入学之后很多妈妈会担心孩子"突如其来"的变化。如果站在孩子的立场上，会发现这其实是很正常的。成为一年级学生对于孩子来说的确意味着巨大的变化：开始上学，朋友们多了起来，有了严格的老师，有了更多的任务，父母的要求也更高了。在经历这些变化时，孩子难免会有一些压力。

面对叛逆的小孩，正确的方法是先询问孩子遇到的问题是什么，再让孩子改正叛逆的态度。是不是任务过重、与朋友们的相处是否愉快、与老师的交流是否有问题、父母过多的要求是否给了很大的压力等等问题，妈妈都要给予关注。

装作不在意，等待一段时间

当孩子出现叛逆的言行时，父母可以适当减少一些关注，等孩子稳定下来之后再与其进行沟通。心理学家建议，当孩子有叛逆行为时父母

最好不要有过激的反应。因为当孩子盯着你的眼睛使用尖锐的词语时，若妈妈给予敏感的回应，孩子会认为自己的话起了作用继而反复使用。不要发火或立即给予回应，给他时间让他自制。

体罚会增强孩子的敌对情绪

如果为了惩罚孩子的叛逆态度而进行体罚，孩子对于父母的愤怒和敌对情绪都会增加，可能会更加叛逆。在要求孩子控制自己的行为前，父母应该首先懂得控制自己。

把行动目录写下来

让孩子把自己的叛逆行为一一记录下来，并写上做错的原因，这是一种值得尝试的办法。如果孩子还是不守规矩，就将其贴在孩子房间的墙上，让孩子随时都能看到。相反，如果孩子及时改正，妈妈要马上给予表扬和奖励。

48. 为什么孩子会拿别人的东西

如果是小学低年级，孩子偷东西一般只是出于好奇，而不是有什么坏毛病。不能因此断定这个孩子心眼坏，他只是还无法分辨是非。有时成绩不佳或缺乏注意力等情绪性问题也会导致偷东西这种行为。一般情况下，孩子犯一两次这种错误不用过于惊讶或担忧。不过偷东西可能会变成更坏的习惯，要及时告诉孩子不能做的理由，指导其改正。

偷东西的三个原因

情绪性问题

偷东西的孩子大部分都有情绪性问题。缺乏父母爱的孩子可能希望通过物质来获得满足感，因此会偷东西。心里有不满的孩子有时会以报复心理拿走别人的物品。

父母的教育态度

最具有代表性的是父母对于子女放任不管的态度。如果父母不了解

孩子想要什么，可能会导致孩子为了得到想要的东西不择手段，父母在家庭经济问题上过于严厉也会导致孩子偷东西。

社会性不足

没有自信心难以交友的孩子，有时会为用物质讨取朋友的欢心而偷偷翻妈妈的钱包或偷别人东西，自我表现欲强的孩子有时也会为向朋友们炫耀新东西而做错事。

高手妈妈的成功经验

"给每个东西贴上名牌，强化物品归属的概念"（健熙妈妈全芸淑女士）

有段时间孩子老从学校拿回同学的物品还说是自己的，让我非常担心。这种情况反复几次之后我觉得不能再坐视不管了，于是开始着手改正孩子的这个坏习惯。在家我把所有物品都标上妈妈、爸爸、弟弟的名牌，让大家只能用自己的物品。使用别人的物品时要询问对方"我可以借用这支铅笔吗"、"我可以用你的杯子喝水吗"等。过了一段时间后，孩子对于自己和他人所有物的区分比较清晰了，也就不再拿同学的物品回来了。

49. 如何解决孩子说谎的问题

孩子在幼儿期说的谎话和小学一年级时说的谎话是不一样的。幼儿期的谎话主要是因为他们缺乏分辨现实和幻想的能力，而小学一年级学生已经具备理解谎话带来的负面影响的能力。他们知道谎言可以欺骗父母，也会导致父母不信任自己，所以小学一年级生的谎言通常是真正意义上的"谎言"。

不过，父母不用因为孩子一两句的谎言而苦恼，可以利用合适的机会教育孩子。孩子说谎时，找到原因是非常重要的。很多孩子因为怕挨父母训而说谎，因此要减少孩子对于父母的恐惧。有时孩子也会因为觉得对方被欺骗好玩而说谎，要及时告诉孩子父母是知道真相的。有些小孩会模仿大人说谎，所以父母要以身作则，哪怕是小的谎言也尽量不要说。

孩子会说谎的情况

不想被训斥

把谎言当做保护自己的武器。明明知道自己的行为是错误的，但在有可能蒙混过关的侥幸心理下，为了摆脱危机而说谎。

想赢得父母的关注

为了获得关注和认可而说谎。为了成为焦点，特别是为获得父母的关注而说谎。

想保护他人

有领导气质的孩子会为保护其他小孩而说谎，弟弟妹妹做错事时为保护弟弟而向父母说谎也属于这种情况。

对于父母的期待感到有压力

知道父母对于自己的期望很高，孩子满足不了这种期待时会为保护自己而说谎，这是小学生中特别常见的谎言。

高手妈妈的成功经验

"不要激动，要沉着应对"（陶晶妈妈姜璇珠女士）

孩子说谎时大人从脸部表情就可以看出来。如果家长常常对孩子发火，以后孩子会通过说谎来掩饰自己的过错。所以不要像警察审案那样对待孩子，对孩子犯的错要沉着应对，这样孩子也能坦然承认错误。

"要告诉孩子说谎是错误的"（陶燕妈妈金秀玄女士）

想让孩子不再说谎，就应该让孩子明白"为什么不要说谎"。告诉他处于当时的状况时不应该说谎，而应该以正确的方式应对。

"对于诚实的行为要给予表扬"（宰勋妈妈殷燕喜女士）

我认为表扬是最好的鞭策方式。当孩子承认自己说谎时，家长不但不要责骂，反而要表扬他的这种勇敢行为，"每个人都会犯错误，但不是每个人都可以承认自己的错误。"肯定诚实是治愈谎言的捷径。

50. 为什么孩子会说脏话

　　小孩最早会从 5 岁开始说脏话，6 岁之后语言能力增强，又去幼儿园与其他小朋友玩在一起，很自然地会接触脏话，有时因为好玩也会使用电视中看到的对白和朋友间的隐语。对于这个年纪的孩子来说，说脏话只是一种新奇的体验，并不会有什么罪恶感。孩子一开始说脏话是因为好玩，看到爸爸妈妈的反应很激烈会觉得更有趣，因此说得更多。而进入小学与朋友们玩在一起后，有些小孩会用说脏话的方式表现自己的与众不同。

孩子说脏话时的应对方法

告诉孩子更好的表达方式

　　当孩子因为生气说脏话时，可以教小孩更合适也更为温和的表达方式，比如可以说"我生气了"、"我很讨厌你这么做"等。

其他发泄的途径

孩子说脏话时，首先要告诉孩子这句话为什么不能说，之后帮孩子寻找其他的发泄途径，和孩子一起跑步或一起做孩子喜欢的运动都是很好的方法。

反省家长的语言习惯

孩子说脏话时有必要反省一下家长自己平时的语言习惯。多数孩子的语言习惯都学自家长，因此家长平时要多注意自己的言词。

制定守则

如果孩子习惯性说脏话，可以和孩子一起制定一个守则，比如，一天说脏话 5 次以上就不能看电视或不能吃零食。定守则时要得到孩子的认可。一开始可以指定某一句具体的脏话，每次说这句话时就用便利贴标一下，坚持一段时间之后再逐步减少数量。

高手妈妈的成功经验

"让他深呼吸再做拉伸运动"（毕元妈妈郑银喜女士）

孩子控制不住自己的脾气，经常发火。我在某本书上看到缓解肌肉紧张可以降低发火频率。我先让怒气冲冲的孩子进行深呼吸，然后帮他展开紧握的拳头，并按摩他的肩膀，听他说发火的原因。看起来真的挺有效果的，气嘟嘟的脸很快就绽出笑容了。

"尝试无视的方法吧"（益灿妈妈成美静女士）

入学之后孩子学会说脏话了，每次有什么不满时他都会说。一开始我很惊讶，还训他"不许再说"，但他反倒觉得我的反应很好玩，后来

我用了无视的方法。不过当孩子不说脏话时我会赞美他"很好哦"、"很帅哦"。可能因为这个起效果了，孩子最近几乎不再说脏话了。

> ❀ 小·提示 ❀
>
> 对孩子说"谢谢"吧
>
> 父母的语言习惯会直接传给孩子。想培养一个亲切和关怀他人的孩子，父母就应该以身作则。虽然只是孩子，但有错于他们时父母要及时说"对不起"，获得他们的帮助时要说"谢谢"。要记住，父母的言传身教对于孩子会有决定性的影响。

51. 怎样才能让年长的孩子不受伤

俗话说："手心手背都是肉。"如果家里不止一个孩子，大多数情况下妈妈会对老大非常严厉，对更小的弟弟妹妹会表现得比较宽容。对小学一年级学生说"因为你是姐姐（哥哥）"，并要求他像大人一样表现或负责是不可取的。专家也表示，就算表现得再坚强也不应该忘记他只是个孩子。

高手妈妈的成功经验

"不因她是姐姐而要求更多"（英茵妈妈李贤淑女士）

无意中对孩子说过"因为你是姐姐要这么做"，但给孩子造成了很大的压力。之后我改为"因为你是一年级学生所以要这么做"，要求孩子做符合年龄段的事情可以减轻孩子的压力，同样能培养责任感。

"在兄弟间培养协作意识"（才熙妈妈成芸喜女士）

不能总是作比较，吃饭时如果说"看谁先吃完"、"看谁吃得多"都会无意间挑起兄弟间的竞争。所以平时我会多给他们协作的机会，让两个人一起做食物，暑假时一起去夏令营。通过这些活动他们明白了彼此并不是竞争对手，而是和睦的一家人。

"适当地指出错误"（贞淑妈妈朴恩英女士）

发现不知从何时开始老大总想管着弟弟。我听说这时候不能放任不管，而应该适当地予以制止。听到他批评或嘲笑弟弟时我告诉他："尽管是你弟弟，但你对他说这种话并不合适。换个角度想想，你是否也不喜欢听呢？"之后他不再说类似的话了。

"不应偏爱兄弟中的任何一个"（英玄妈妈金善花女士）

当我听到老大对其他人说"我觉得妈妈更喜欢弟弟"时，着实吃了一惊，所以我紧紧地抱着孩子说："你们两个妈妈都爱，对你的爱以后会多表达的。"要多向孩子表达爱意和关注，并展现公平的态度。

"孩子自己完成时会给予表扬"（蔡茵妈妈韩燕雨女士）

养第一个孩子时我尽量帮他做所有的事情，结果导致他好奇心很强，但独立做事的意志和自信心不够。所以发现孩子对弹钢琴有很浓厚的兴趣时，我给予了充分的表扬。此后，每当孩子对某件事情有兴趣时我都会多肯定他。注重过程并对孩子的兴趣给予激励，会让孩子更有自信心，也增强了他做事的毅力。

Part 6
实践篇

为孩子打开一扇窗户

感受美好
懂得珍惜

Mom & Kids · 指导方法

52.带孩子参加公益活动的重要意义

一下课秀姬就跑回了家。妈妈常去的拉丁舞俱乐部在每周三和周五会为附近的老年人进行简单的拉丁舞培训，而这个月的讲师就是秀姬和秀姬妈妈。虽然秀姬跳得不好，但妈妈每次都会带她去，因为这可以让秀姬体验公益活动带来的快乐和孝顺的意义。愉快的跳舞加上结束时的身体拉伸总共需要2个小时，但秀姬不会说累，甚至觉得自己成为大人了，充满了自豪感。

公益活动可以赋予孩子同情心、宽容和感激之心，也会增强他们的社会责任感。在国外，很多父母会在孩子满5岁之后带他们参与各种公益活动。比如给行动不便的老人送盒饭，给流浪者提供免费食物，去养老院帮忙洗衣服或给老人捶背陪同聊天，去公园或近山捡垃圾，与同龄残疾人交朋友等等。如果想与孩子一起参加公益活动，可以询问各地区公益活动中心。确定要参与后，告诉孩子具体做什么，并解释为什么做这个事情。为了增加孩子参加公益活动的积极性，可以与其他家庭合作组成一队，或与孩子朋友的家庭合作参与。一开始可能会因为多了一件要费心完成的事情而觉得麻烦，但它也会成为加强家庭和睦的宝贵经历，对孩子的成长十分有益。

53.如何让孩子感受最好的体验式教育

对于孩子来说，最好的教育是体验式教育。用手摸、用鼻子闻、用耳朵听、用心感受的体验能拓展孩子的感官世界，培养孩子的思考能力和理解能力。

体验学习前应如此准备

先看一遍教科书

新学期开始前和孩子一起大致翻一下教科书是非常必要的。妈妈和孩子一起看一下目录，看每个单元都有哪些内容，看一下题目和图片，了解各单元的学习目的。

确定体验学习地点

和孩子一起在教科书中找出适合现场学习的内容。妈妈自己决定学习内容是不可取的，和孩子一起讨论会给孩子更大的动力。

搜索资料

在网上或通过百科全书，提前搜索体验学习相关的资料，一定要逛

的地方、要提前记录的内容、准备的地图、制订计划表等都要和孩子一起决定和准备。

体验学习中应如此行动

准备宣传册

到了体验学习的地方之后要先寻找与其有关的宣传册，和孩子一起仔细阅读。学习结束之后整理资料时还会用到它，要妥善保管。

边看教科书边走

按预先确定的顺序进行现场学习。和教科书上的照片进行比较，查找与教科书的内容有哪些不同。亲眼观察会让孩子兴致盎然，也会让他在开学后的学习中更有自信。

预先准备适当的问题

妈妈要结合教科书预先准备一下，想在当时提应景的问题多半会以失败告终，妈妈和孩子之间不间断的问答会让现场体验更有效果。

拍摄10张以上的照片

在现场拍摄的照片会比任何材料都生动和真实。利用数码相机或摄像机，让孩子在进行多角度拍摄时，加深对现场的记忆。

体验结束后应如此行动

看着收集的材料对话

让孩子拿出在体验现场拍摄的照片，自由地讲出所见所闻、有趣的事情和自己的感受等，照片可以按类别整理放置。

做报告

让孩子写符合年级和兴趣的体验报告。对小学一年级学生来说，图片日记形式会比较适合。贴上照片或画上画，加上简单的题目和一两句感受就可以了。

高手妈妈的成功经验

为了特别喜欢昆虫的孩子，高敬喜女士经常带孩子去首尔近郊的森林公园。孩子上了小学后，每逢周末她都会带孩子去体验学习，体验学习地可以是附近的山或大公园的森林等。

"感受森林"

和孩子一起躺下，聆听或用手抚摸，感受森林的气息，春天还可以闻闻青草的味道。对孩子说"让我们找找哪些草会最先破土而出"，发现冒尖的小草后让孩子画在素描本上。

"是谁在分解打扫积累在森林中的垃圾"

苔藓、蘑菇等不起眼的生物在森林中充当清道夫的角色。和孩子一起寻找苔藓和蘑菇，并把不同种类的苔藓采集在素描本上。

"是谁从冬眠中醒来了"

和孩子一起在树叶或土坡上寻找睡觉的昆虫，还可以找找在树叶和树皮上产卵的昆虫，告诉孩子它们的名字和习性。

观察树木

仔细观察树枝的颜色、发芽的部位等，想象新芽长出来时的模样并画出来。

聆听森林的声音

闭上眼睛深吸一口气，抬头望向天空。展开双臂闭上眼睛聆听，你就能听到鸟叫、随风起舞的叶子的声音、溪水流淌发出的潺潺声，让孩子讲讲有什么感受。

54. 让孩子们感兴趣的博物馆及美术馆之行

孩子对未知世界的探索十分热衷。随着年龄的增长，他们会不断渴求学习新东西。博物馆和美术馆在很大程度上可以开阔孩子的视野，让孩子们的思维更活跃。经常带孩子参观各种各样的博物馆和美术馆，就像是为孩子打开无数的窗口，能让孩子增长见闻、开阔眼界、活跃思维、发展兴趣爱好。

参观博物馆及美术馆注意事项

参观前

◇ 打电话或用互联网提前确认展览内容，然后制订计划，提前了解孩子们感兴趣的博物馆教育课程和活动的时间表。

◇ 与孩子沟通在博物馆做些什么。

参观时

◇ 参考售票口贴出的博物馆简介，确定参观路线。

◇ 仔细阅读展示品的介绍文字，重要部分要做记录。

◇ 让孩子积极体验自己感兴趣的展示品。

参观后

◇ 就看到、听到、体验到的和喜欢或不喜欢的内容，与孩子进行交流。

◇ 翻阅百科全书或上网查询参观时孩子提的问题和感兴趣的部分。

◇ 引领孩子参观新的、从未去过的博物馆，如果碰到孩子感兴趣的部分，要多予以支持。

55.如何为孩子制订成功的演出观赏计划

想要让孩子熟悉演出文化需要事先准备。为了让孩子理解陌生的演出模式，首先要教他基础知识，而且为了不妨碍演出，还要教孩子观赏的基本礼仪。

不同演出的观赏要领

话剧

有不少父母觉得话剧比较难懂，一般不带孩子去看，其实可以去看专为孩子们上演的儿童话剧。经常观看，孩子会沉醉于话剧的魅力中，之后会自己选择喜欢的演员和故事，吵着让你带他去。

音乐剧

一般分2幕并有20多首歌曲，主要会以律动和歌声来表现，所以会有很强的现场感。为了让演员们专注于歌曲、舞蹈和演出，演出期间不要离开座位或发出声音。不过观众们可以给予适当回馈，演员会因此更

加卖力地表演。

人偶剧

若有原著最好事先读一遍。了解原著的内容后，书中各人物形象通过人偶来展现时会有现实中遇见童话主人公的幻觉。演出中会有人偶向观众提问，这时观众们的齐声回答也会让演出更加完美。

芭蕾

要预先购买演出介绍册详细阅读。演出中不能太大声地鼓掌，舞者可能会受影响。拍照也会干扰演出，是被严厉禁止的。长达2个小时的古典芭蕾对小孩来说可能会有些冗长，一开始可以先观赏创作芭蕾或简单有趣的芭蕾，父母要尽量与孩子一起观赏。

❈ 小·提示 ❈

做个人文化赏析笔记本

要想让感动与体验保鲜，写观后感最好。记录观看日期、演出名称、场所、同行的人，然后贴上门票。写下自己对内容的理解，回想主人公的性格，也可以给主人公或演员写封信。不要忘了记录印象深刻的舞台服装或令人震撼的台词，把观众的反响也写进去，会非常有趣。

56. 怎样为孩子制订假期计划

　　面对假期很多家长都会一声叹息。孩子好不容易适应了小学生活，一放假会不会又回到入学前的状态？让我们了解一下如何让孩子度过一个成功的假期。

制订有效的计划表

　　假期过得是否充实的关键是制订什么样的计划表以及能完成到什么程度。为了平衡学习和玩乐，尽量订一个详细的生活计划表并严格执行。

由孩子制订，妈妈提建议

　　对于小学一年级的孩子来说，制订假期生活计划表是比较困难的。即便如此，父母也不能代劳。制订和实施时父母可以提供帮助，但目标要由孩子来订。低年级学生的生活比较规律，可以画一个圆，在里面写上每日计划。

与学校的时间表类似

最好让孩子保持放假前的生活节奏，保证睡觉起床、吃饭时间等，这有助于孩子的健康。

学习计划要比较具体

较差的科目和学校布置的作业要在什么时候以什么方式学习，体验活动要什么时候与谁在哪儿完成等，都要做具体的计划。学习计划中，比如"数学1小时"、"完成2页数学题集"这样的具体要求会更有效果。

主要计划要提前制订

假期是体验上学时不能做的事情的绝好机会。过好每一天非常重要，和家人一起去旅行或郊游是很好的体验学习的机会。放假前就要确定必做的事，最好先列出主要计划。

让孩子参与体验学习

假期可以辅导孩子学习的薄弱环节，但千万不能让学习填满孩子的全部假期。可以让孩子参加以历史、科学、英语、美术等为主题的活动，结交新朋友，积累经验。周期较长的活动安排不要超过2个，且最好让孩子自己选择。去博物馆或科学馆体验探索研究和基础科学也是不错的选择，还可以去观看演出和美术展体验音乐、美术、表演等艺术。如果回老家的话，可以让孩子收集当地的文化遗迹或历史人物资料。

辅导薄弱科目

通过辅导班的辅导可以巩固学校里学不牢的知识和薄弱的环节，但

如果超过孩子的承受极限就可能适得其反。孩子被动参加各种辅导班可能会降低他的求知欲，想让辅导有效就应该给孩子独立学习的时间。假期里的课外辅导最好不要换来换去，而是在一个辅导班进行。授课内容再好，若频繁更换授课方式和老师，对孩子的学习也不会有什么帮助。

习题集

把做过的习题集整理一下，做简单总结或挑出做错的题目分析原因。习题集可以帮助孩子巩固所学知识，非常有用。把习题集全部交给老师来指导，只在辅导时解题是不太有效的。毕竟辅导时间有限，父母要另外安排解题时间和地点。不理解的部分可以先标起来，等到老师辅导时一并解决。解完题之后最好把错题都记下来，习题集后面有详细的解答过程，可以多参考，这对主观性比较强的考试有帮助。

网络课程

可以使用线上授课和线下授课结合的方式。为了保证学习效果，妈妈可以选择合适的网站与孩子一同观看，如果孩子不喜欢或不感兴趣可以再找其他类似网站。

提前预习

可以预习下学期的教科书，不过去辅导班提前学2~3年后的课程是没有必要的。这可能会有一些暂时性效果，但不利于孩子长期发展。先预习二年级教科书，让孩子对核心内容感兴趣就足够了。

小·提示

利用假期带孩子去体检

如果孩子平时身体虚弱，可以在假期早上踢足球、跑步，安排改正挑食习惯计划并实施。小儿科专家都建议假期一定要做体检，量准确的身高体重来确认身体发育是否均衡。不要忘记检查焦躁症、鼻炎、牙齿健康等。视力较差的孩子8岁之前戴上眼镜矫正视力，才能让视觉中枢正常发育。体胖的孩子可以利用假期尝试减肥。因为比较费时而无法在学期内进行的疾病治疗和检查都要利用假期完成。

57. 如何应对假期综合征

频繁的体验学习太累了

假期是非常好的旅行或体验学习时间，也是演出或体验活动最多的时期。不过如果妈妈毫无计划地带孩子到处乱逛的话，就不利于孩子的健康了。假期去哪儿小孩都比较多，也容易得各种流行感冒。最好是挑平时的时间，避开周末。哪怕是在假期，一周2次以上的外出会比较累，效果也会打折扣。

看电视和录像的时间太多了

暑假和寒假因为有很多过热或过冷的天气，这样的天孩子大多会待在家里看电视。这个习惯不太容易改，也是影响学习的重要原因，应该提前预防。制订计划表时要提前定好看电视的时间并严格遵守，每天看电视不能超过2个小时，最好有父母陪同，一起看电视时可以和孩子展开讨论和分析。

不遵守假期计划表

到了假期，每个人都会雄心勃勃地制订计划，但大多会中途放弃，不了了之。制订计划时不要由妈妈主导，而应以尊重孩子为前提。假期一定要做的事情可以提前写下，设定每周每月计划，和家人一起去旅行或参加活动，要督促孩子每天检查一下计划完成情况。

恢复入学前的生活习惯

入学之后好不容易养成了早睡早起的习惯，没想到一放假就回到幼儿园的生活习惯了。如果假期生活不规律，可以在开学前逐步调整生活习惯，早点入睡并在上学时间点起床。练习整理各类物品，把拖鞋等需要带到学校的物品放到书包里。回顾假期前制订的计划表是否一一完成，若没有很好地执行，要自我分析，好好计划二年级后如何分配"自己的时间"。

❋ 小提示 ❋

去朋友家完成"枕头旅行"

假期中比较特别的是枕头旅行。和对方的家人商量好之后，让孩子去朋友家睡一晚，事后向对方父母了解一些平时没能发现的孩子的另一面，之后再邀请孩子的朋友来家睡一晚。

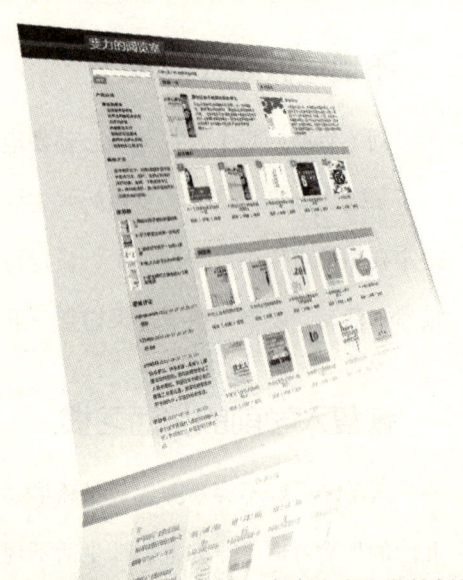